觉醒的力量

王中孚 著

中国商业出版社

图书在版编目（CIP）数据

觉醒的力量 / 王中孚著. --北京：中国商业出版社，2017.10
ISBN 978-7-5208-0046-4

Ⅰ. ①觉… Ⅱ. ①王… Ⅲ. ①成功心理-通俗读物 Ⅳ. ①B848.4-49

中国版本图书馆CIP数据核字(2017)第231158号

责任编辑：朱丽丽

中国商业出版社出版发行
（100053 北京广安门内报国寺1号）
010-63180647 www.c-cbook.com
新华书店经销
大厂回族自治县彩虹印刷有限公司

*

720×1000毫米 1/16开 15.5印张 190千字
2018年1月第1版 2018年1月第1次印刷
定价：59元

****

（如有印装质量问题可更换）

序

初识中孚导师，是在他的课堂上。这三天的经历足以颠覆我的世界观。

作为一名媒体工作者，一个被现代文明所影响的"文化人"，以往更在乎的是别人是否满意、环境是否允许等这些社会规则。而对于自己却一而再、再而三地忽视。这个社会上的大多数人都有同样的体会，大家曾一度忽视了自己的身体健康，轻视着自己的感知度，压抑情绪，忽略感受……随着年龄的增长，我们渐渐将这些隐藏。可正是因为如此，才导致了生活中种种的不顺利，不快乐。

一个人有两次生命，第一次是出生，第二次是灵魂的觉醒。聆听了中孚导师的课程才体会到觉醒是如此简单，只需进入自己的内在，看到自己。可是真能做到又太难太难。一直以来，我们只是因为内心曾经种下了简单的一句话，一个印记，便让自己的人生偏离轨道，上演着一次又一次重复的苦难与悲剧。这简单和太难之间，就是一种选择，关键看你有没有面对自己的勇气。

我非常崇敬中孚导师，不仅仅是因为他的能量课程让我感受到真知灼见，还因为当我看到这本书的初稿时更被其勇气所深深折服。这不只是文学创作，更不只是在传授知识，这是一个觉醒者的呼唤与呐喊。50多篇文章里记载着深刻的觉醒体验与灵性成长，这是我们多少人一生都无法经历的。这种觉醒的速度是无法想象的，灵性成长对于修行的人来讲是使命与功课。我深深地恭敬与崇拜走在这条路上的人。

中孚导师说："每个苦难的背后都有巨大的恩典。"我想，能够看到苦难背后恩典的人就是灵性成长，就是觉醒，就是遇见了内在本自俱足的自己！

在这几天时间里，我跟随着每一篇文章，体验着一场觉醒之旅。这使我快速地进入到自己的内在，看到了自己曾经的模式与铭印。在这些直接明了、铿锵有力甚至丝毫不留情面的语句中，我顿然醒悟了！这哪里是书，这分明就是每个人的人生！就是每个生命的历程！

此时，我无法再用一个"文化人"的视角来对待这些文字，这每一字每一句带给我们的是深深的慈悲与爱呀！

感恩中孚导师！他用生命谆谆教诲着众生，毫无保留地贡献着他的所有，为众生创造着爱与感恩的觉醒环境。感恩中孚导师的发轫之作，让我们汲取到了无限充沛的能量。

谨此感悟，是以为序。

孙启蒙

作者自序

觉醒的力量

什么是觉醒？觉醒就是灵商的开启！

灵商就是一个人内在的顿悟能力与直觉思维能力。一个领导者只有打造出真正属于自己的商业模式、领导模式、营销模式、盈利模式、沟通模式，才能获得辉煌、持续的成就。而模仿他人的东西只能让自己更加被动。

一个人的一生是智商和情商决定的吗？

不，很多情商高的人可能会获得更幸福的生活，或者与周围有更好的关系，但是其可能没法去感受生命中更深刻的东西，去体悟生命的价值与意义。他不能有效地接受高能量智慧，不能更有效地开发自己的创造力。

那么，应该是什么呢？

真正决定人的本质和商业成就的是灵商。

社会一直都强调智商和情商，并延伸出了各种各样的"商"。但是这里有一个新的概念要提出来，它是表示一个人内在的觉知力——对万事万物的觉知，对心灵的敏感度与洞察力的觉知。这种力量在教育工作者、心理学家、哲学家、神职人员，尤其是在宗教家、修行人士的身上比较常见，这就是"灵商"。

我们根据人的觉知可以把人分为四种：（1）不知不觉；（2）后知后觉；（3）当知当觉；（4）先知先觉。其实，灵商就是指我们先知先觉的能力，以及连接自己内心的能力。从古到今的杰出帝王和现代的超级富豪都是开发自己内在灵商的高手。

灵商是一个人内在的生命动力源，是内在的能量级别，是内在的创造力源泉。在霍华德的智力分类中为"进入人内心的能力"。灵商高的人通常会充满激情，第六感很强，能够洞悉事物的根本，充满了创造力，对自己内在的价值追求非常敏感，而且更加倾向于追求生命本身的价值。

马云和乔布斯在商业上获得的巨大成功告诉我们，人生就是一场灵性游戏，商业也是一场灵性的游戏。马云曾讲过，未来企业的竞争就是领导者的灵性竞争。伟大的乔布斯更是讲过很多关于灵性决定未来的话。

乔布斯说，不要被教条所限，不要活在别人的观念里，不要让人的意见左右自己内心的声音。最重要的是，勇敢地去追随自己的心灵与直觉，只有自己的心灵和直觉才能够让自己拥有持续的成就。这种心灵和直觉就是灵商。

人生永远都是一场灵性的游戏；

获得财富永远都是一场灵性的游戏；
营销永远都是一场灵性的游戏；
梦想永远都是一场灵性的游戏。
如何通过提升灵商让你的家庭更加幸福？
如何通过提升灵商让自己赚取巨额财富？

现在全世界都已经进入到一个灵商社会，在我们的生存需求和安全需求及社会归属需求逐步被满足之后，我们的内在灵性需要不断地被满足。而我们大多数人却正在经历着这种痛苦。

我们已经太习惯于关注外在，关注外在世界成了我们的一种本能，而殊不知，外在世界是否丰盛完全取决于内在的世界，取决于我们内在的灵商。灵商是对一个人内在觉知力程度的一种描述，一个人的内在力量是无穷无尽的……

现代人对自己的内在关注得越来越多，而"灵商"则会成为即将到来的灵性社会非常重要的一种素质。但灵商有时候体现出的天赋是无法从后天获得的，后天获得的大多是能力和技能，而天赋往往从孩子出生起就几乎注定了。譬如在相同的社会环境与家庭环境中，甚至是类似的肌体里，如果装了不同的灵魂，也会有截然不同的命运。而我们应开发好自己内在的灵商。

灵商高的人，对自己有更深刻的觉知，能够体悟到自己的内在价值、内在追求。有足够的能量支撑其度过任何困境，向着自己的梦想前进。灵商是一种综合性的心灵的能量。这种能量让自己与外在有一个很好的连接，不仅能够感受到人际方面的情感，更能感受到整个世界与生命的相关性。

灵商越高的人，对环境的依赖程度越小，他不那么容易受到环境的影响（坏的方面），正相反，他会如饥似渴地从环境中汲取养料，能够从万事万物中汲取能量，充实自己、丰富自己。在好的环境里，他能够充分利用条件去实现自己的追求与梦想，去做自己想做的事情。在不好的环境里，他则可以通过那些困境撑大自己的认知度和理解力，撑大自己灵魂的格局，撑大自己心灵的包容力。更为重要的是，这样的环境可以更加深入地激发出其创造力，激发出其改变决心，给予其创建新环境甚至是改变社会的力量。

各位朋友们，在这每天都会瞬息万变的社会变革中，我们根本就来不及应对，唯有守住我们内在的能量，开启我们的灵商，活出不一样的创造力来，才是我们每天真正需要修炼的。

在《觉醒的力量》这本书里，我通过对生命、灵商以及能量的各个角度进行解读，以全面打开大家内在的世界，为提升大家的灵性贡献一份力量。这里的每一篇文章都是对灵商的解读与描述……

拉比天堂只专注于企业领导者灵商的训练！

王中孚

目录

第一篇　内在创造了外在世界

　　世上没有两片相同的叶子，更没有两个完全相同的人。每一个人都带有不同的业力系统，引发出不同的问题。让自己吃尽苦头的其实不是别人，而是我们自己。我们这一生就是为了解决这些问题而来的。

感恩是好运的开始 …………………………………… 2
你不懂我，我不怪你 …………………………………… 7
想说爱你不容易 ………………………………………… 10
此刻你正在抗拒谁 ……………………………………… 14
你凭什么生气 …………………………………………… 18
你的愤怒是因为谁 ……………………………………… 23
我们的语言伤害了谁 …………………………………… 29
我们到底应该相信谁 …………………………………… 33
和恐惧一起跳舞 ………………………………………… 36
要实现梦想，除非…… ………………………………… 40

第二篇　拥抱自己的内在世界

　　勇士，不是敢于冒险送死的那个人，而是坦然承认并完全接纳自己不是勇士的人。当有勇气回看自己的内在，愿意陪伴内在的恐惧，真正的疗愈就开始了。承认内心有伤口，是迈向治愈的第一步。

你的内在发生了什么 ……………………………… 44
我们到底该听谁的 ………………………………… 48
究竟是谁在诅咒你 ………………………………… 57
破除你的那个魔咒 ………………………………… 62
跳出生命的轮回 …………………………………… 65
别控制，让念头温柔流过 ………………………… 69
你为什么达不成目标 ……………………………… 73
你是否绑架了自己的潜意识 ……………………… 76
为自己想要的结果负责 …………………………… 80
承认自己才能真正拥有力量 ……………………… 83
世界上最可怕的人 ………………………………… 88
拒绝小我的阴谋 …………………………………… 94
从内在冲突中解脱 ………………………………… 97
最好的自己，才能遇到最好的别人 ……………… 102
活出真实的自己 …………………………………… 106
病痛是高我意识被开启的先兆 …………………… 109
你是真英雄吗 ……………………………………… 112
活出赢的感觉 ……………………………………… 117

第三篇　实现生命的丰盛

敞开自己，为爱开启一扇大门，带着深深的感恩与彻底的宽恕。唯有这样，生命才会流动，生活才会精彩。活在当下，找回内心的平静。能够真正爱自己，自然就会爱别人。

让你的生命拥有弹性 ……………………………… 122

爱，不是改变对方，而是一起成长 ………… 125
从别人的模式里修正自己 ………………… 129
方向不对，努力白费 ……………………… 134
活出以目的为导向的人生 ………………… 139
成功不是从头再来，而是…… …………… 143
苦难是你我生命中最大的恩典 …………… 147
生命的荣耀在于把烂牌打成好牌 ………… 151
一切都是最好的安排 ……………………… 155
人生是自我预言的实现 …………………… 159
亲爱的财富，爱你不容易 ………………… 163
别站在你的角度看我，我怕你看不懂 …… 168
真正的团队是一起经历生命 ……………… 171
你的团队该去向何处 ……………………… 175
要求完美等于死亡 ………………………… 178

第四篇 用宇宙能量主宰世界

　　回归内在，回归清净圆满的高我。神圣的灵性能够引领我们重回一体，理性制造着评判与分离。每个生命的高我本无差别，灵性俱足。唤醒灵命，让爱临在；回归高我，万物合一。

宇宙能量到底会支持谁 …………………… 184
你的能量决定你的销量 …………………… 187
灵命成长，能量才会成长 ………………… 190
灵商，我拿什么来开启你 ………………… 193
我们到底为什么活着 ……………………… 195

改写你的生命程序……………………………………… 199
疗愈自己的生命黑洞……………………………………… 204
你的灵魂到底要什么……………………………………… 207
唯有破除轮回，人生方能精彩…………………………… 211
为生命出征，为灵魂而战………………………………… 215
成为一个觉醒大师………………………………………… 219
用合一拯救我们的灵魂…………………………………… 222
让你的灵性开始觉醒……………………………………… 225

附录

编者的话…………………………………………………… 233

第一篇

内在创造了外在世界

感恩是好运的开始

也许你此时此刻正在抱怨自己的生意不太好……

也许你正在指责你的朋友或你的合作伙伴不该犯错,这件事情因为他而搞砸了……

也许你正在怨恨伤害你的人……

也许你正在叹息自己的命运怎么会如此波折……

也许你正在郁闷老公(老婆)对你的不理解……

你的大脑此时此刻要么在抱怨要么在感恩,要么在怀疑要么在相信,要么在快乐要么在痛苦,要么想坚持要么想放弃,要么活在目标中要么活在情绪中……

各位,要感恩不要抱怨!一个真正成功的人一定是一个懂得感恩的人,一个懂得感恩的人也将会成为一个成功的人。感恩是好运的开始,尽管你现在的运气并不太好。

能量学中有一个神奇的吸引力法则,这个法则告诉我们:你今天所拥有的包括你想要的和不想要的,都是你吸引过来的。靠什么吸引?靠你内在世界的某种吸引力。当你在不断抱怨的时候,你所散发的"引力"就是负面的,自然会吸引到所有负面的东西,比如伤害

第一篇 内在创造了外在世界

你的小人,出门办事很不顺利,等等。

日本著名科学家江本胜曾写过一本书叫作《水知道答案》,书中分享了他亲自做的实验:把水放在不同的杯子里面,给其中一只水杯上面贴上"混蛋、坏蛋"等仇恨、抱怨、指责的语言,另外一只则贴上爱与感恩的语言。经过一段时间,当他把两杯水放进冰箱冷冻之后,发现经过抱怨的那个水的结晶竟然非常不规则、很难看,而被爱与感恩熏陶的水的结晶竟然非常漂亮、非常有规则。我们人的身体中70%是由水组成的,我们的情绪会直接影响到水的组织。难怪快乐感恩的人会长寿,这个世界是由爱与感恩所组成的。

而当你每时每刻都心存爱与感恩时,你所散发出的"引力"是积极正面的,自然会吸引积极的人和事。当你心存感恩的时候,你的周围将不再有敌人,你的生活不存在痛苦。

在课堂上,一名学员向我请教,我们进行了以下对话:

学员:前天做生意亏了50万元,真是郁闷!

我问:哦,为什么亏了?

学员:与一个客户的合作没有成功。

我问:从中你发现了自己的什么问题?

学员:我发现自己考虑问题好冲动,不严谨,所以导致了这样的问题出现,心里感到很郁闷。

我说:你为什么不换个角度想想,通过这次亏本,我看到了自己身上的盲点,下次我就不会发生类似错

有爱、有信,就有奇迹!

误了。所以,你应该感恩这件事情呀。

　　学员:对呀,当我以郁闷的心态对待这件事情时,事情并不会因我而改变,那么我何不转变一下心态看待这个问题呢?谢谢教练,我知道该怎么做了。

　　一样的人生,不同的心态,不同的角度,结果自然会不同。

　　任何事情如果都用感恩的心态去看,你自然会豁然开朗。

　　要感恩伤害你的人,至少他让你学会了如何保护自己,学会了如何去区分。

　　要感恩为难你的人,至少他锻炼了你的心志。

　　要感恩拒绝你的人,至少他让你知道了自己需要提升的方向。

　　要感恩那些违背承诺的人,至少他给了你一面镜子,让你有一份警觉。

　　要感恩每一次失败,至少它让你知道了自己的盲点与短板。

　　要感恩出现在你生命中的小人,至少他让你锻炼了胸怀。

　　换一个角度看世界,你将获取生命的精彩……

　　从今天开始,每天晚上睡觉之前把自己当天所遇到的人和事——顺利的和不顺利的,好人和坏人都感恩一遍,让自己形成习惯。不久你将会发现,自己的生命中会出现意想不到的惊喜……

　　感恩是好运的开始……

第一篇 内在创造了外在世界

唯有感恩,才能真正获得正能量。

有一次,我要给西安的学员开一个"如何提升能量等级"的工作坊。确定了这个主题后,那几天我一直都在考虑,希望在本次工作坊里为我们的学员加持强大、积极的正能量。经过我深入的探索,我有一点感悟与大家分享:我们要提升正能量,首先就应探索自己最原始的能量来自于哪里。

任何一个生命之所以走到今天,所有的能量都来自于过去遇到的贵人、高人或导师,这个贵人可能是你的老师、客户,甚至是陌生人。因为贵人或导师的一句话,你种下了一粒积极正面的种子,从此在你的生命里就开始产生了正能量。也就是说,每一个人的正能量都是从一粒种子开始的,所以我们要获得正能量就必须从源头开始……但可悲的是,事实并不是这样,当初为你种下那一粒种子的贵人可能改变了,也许变成了负能量,也许他做了一些事情不符合你的标准,也许你相信了别人对他的流言蜚语,甚至他可能犯了罪。这时你的态度可能会受影响,开始由当初对他的感恩变成了憎恨,甚至忘恩负义,恩将仇报……这就大错特错了,当你因为他的状况发生改变而不再感恩对方时,你其实已经亲手扼杀了自己的善意,折断了那一粒曾经让你成长的种子,这是最可悲的事情。也许你的贵人真的变成了杀人犯,但是至少在那个点上他曾经为你种的是一粒正能量的种子,这值得感恩他一辈子。也就是说,当你感恩的时候,你保护的是你的正能量种

> 把钱放在头顶,人就会沉重;把钱放在脚下,人就会成长。

子，与这位贵人以后干什么没有任何关系。

我的高级灵性让我看到了自己的无知，以前曾经亲手断送了我的能量源泉。各位朋友，你还记得自己的第一份工作吗？你还记得自己的第一个客户吗？你还记得自己的第一名员工吗？你还记得自己的第一次生命改变吗？

学会感恩，你将获得源源不断的能量……

愿意改变比已经改变更重要。

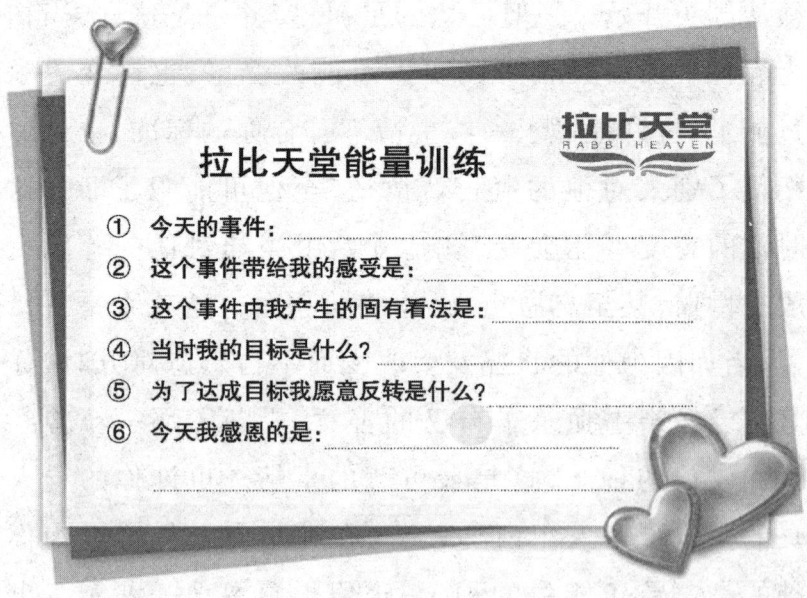

拉比天堂能量训练

① 今天的事件：
② 这个事件带给我的感受是：
③ 这个事件中我产生的固有看法是：
④ 当时我的目标是什么？
⑤ 为了达成目标我愿意反转是什么？
⑥ 今天我感恩的是：

第一篇 内在创造了外在世界

你不懂我,我不怪你

我最愤怒的时刻,
是你对我主观臆断的评判,
因为你控制了我尊贵生命的流动,
那一刻我只能用攻击来维护我灵魂的尊严。
你不懂我,我不怪你,
因为我知道你的灵魂本质是纯净的……
你若懂我,那该多好!

我最恐惧的时候,
是你在释放负能量的时候,
因为你在摧毁我对生命仅存的希望,
那一刻我只能用逃避来和你分离。
你不懂我,我不怪你,
因为我知道你的灵魂也渴望一份最纯粹的爱……
你若懂我,那该多好!

我内心最苦的时候,
是我犯错之后你拼命指责我的时候,

> 为自己着想,才会生出智慧。

觉醒的力量

> 拥有大成就的秘诀是：做别人不做的和做不到的，而不是与人竞争。

因为你扼杀了我刚刚建立的一份自尊，
我只能用愤怒来证明我的对。
你不懂我，我不怪你，
因为我知道你是我修炼生命的功课……
你若懂我，那该多好！

我最伤心的时候，
是你拿我的缺点和别人的优点进行比较的时候，
因为你不在乎我生命中最优秀的人格，
我只能用叛逆来抗拒你，
我的灵魂渴望的是理解与懂得。
你不懂我，我不怪你，
因为我知道你也在父母的轮回中长大……
你若懂我，那该多好！

我总是在你看不见的时候流泪，
当你看见我的时候我会试图展现笑容，
我总是在你看不见我的时候努力改变，
当你看见我的时候我会用心完美，
我总是在你看不见的时候觉察反转，
当你看见我的时候我会带给你希望。
你若懂我，那该多好！

你不懂我，我不怪你，
因为你的生命也在轮回中；

你不懂我，我不怪你，

因为你的生命里隐藏着和别人无法分享的苦与痛；

你不懂我，我不怪你，

因为我知道你也在尝试努力地改变……

透过你我试图看到真相的世界，

我知道我们都活在了过去的经验里，

用过去的经验禁锢了我们的灵魂，

我们一起要做的就是完成救赎……

> 超越别人的目的不是为了炫耀自己，而是为了服务大众。

第一篇 内在创造了外在世界

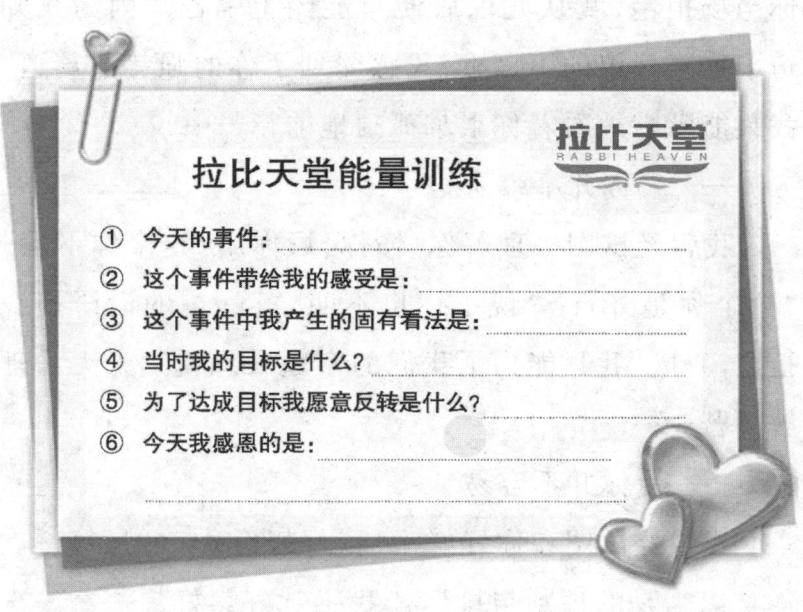

拉比天堂能量训练

① 今天的事件：
② 这个事件带给我的感受是：
③ 这个事件中我产生的固有看法是：
④ 当时我的目标是什么？
⑤ 为了达成目标我愿意反转是什么？
⑥ 今天我感恩的是：

想说爱你不容易

我曾经试图去爱你,可是你说这方式不是你要的那一种,你不能接受我爱你的方式。那一刻我很受伤,到底该如何去爱?没有人告诉我,我只能迷茫地走下去……

——爱你并不容易。

我曾经试图给你提供一些合理的建议,可是看到你当场拒绝,我从此以后便只能闭上嘴巴。因为我知道了你对建议的不尊重,我感受到了你的强势与霸道。我只能默默地看着你艰难孤独地前行……

——爱你并不容易。

我曾经试图去理解你、懂你,可你用"这个你不懂""这个你是外行""说了你也不明白"……的话语把我拒之门外。我只能为了我们的家庭去忍受别人无法理解的苦……

——爱你并不容易。

我曾经试图和你好好沟通,好好合作,可是每一次你自以为是的评判与排斥让我感觉好累好累。每一次我都带着疲惫的心面对你,呈现着无奈的微笑……

第一篇 内在创造了外在世界

> 人最大的愚蠢不是无知,而是不愿放下金钱与面子向人学习。

——爱你并不容易。

我曾经试图宽恕你的无知,可是你会用更加无知的方式来伤害我。那一刻我体验到了世界上到底谁才是最可怕的人……

——爱你并不容易。

我曾经试图去改变自己,来爱你、关心你、为你付出,做一个好领导。可你还是残酷地离开了我,面对你的选择与背叛,我的心好痛好痛,白天根本不懂夜的黑。当有一天你成为领导才能真正懂得我……

——爱你并不容易。

我曾经试图让你活出男人的力量,让我脆弱的生命能有一个安全的依靠。可是你什么问题都要问我,我不在的日子,你会变得六神无主。面对你,我让自己变得更加坚强与独立,没有男人的日子我的灵魂更加自由。然后很多人告诉我女人不要强势,应该温柔似水。没有人知道我内心是多么渴望成为这样的女人,可是我没有传说中那样的肩膀,只能把我柔弱的身躯去依靠那冰冷的墙壁……

——爱你并不容易。

我曾经试图让你成为一个温柔、智慧、贤淑的女人,可是你的一举一动都好像是武则天转世。和武则天这样的女人生活在一起,我已经失去了自由的空气。要么选择逃离,要么选择在你面前苟且偷生。反正你不会懂得男人的尊严,扼杀了男人的尊严就扼杀了你最后的依靠与幸福。在现实的世界里你只能成为一个

孤独的女英雄……

——爱你并不容易。

我曾经试图来帮助你,可是你的自我防御让我窒息。你本能地向我攻击,言语犀利、行为粗鲁、情绪愤怒,你的偏执和狭隘不断地消耗着我们累世的缘分。我只能把我们的关系停留在水面上,像水里的浮萍一样飘来飘去……

——爱你并不容易……

我曾经试图把事情全力以赴地做到完美。可是面对我认为的完美,你残酷地用比较和更高的标准对我挑剔。那一刻我的壮志雄心被你摧毁,在你面前我没有了生命的动力,只能像阿Q一样躲在角落里自我胜利……

——爱你并不容易。

我曾经试图活出我自己,试着诚实地面对你。可是你把我说的一切当成了假象,根本就不相信我的真实,你用自己的想象与评判来主宰我的生命。从那一刻开始我学会了叛逆,学会了逃避,学会了和你对口型,只说你喜欢听的。那一刻我们的关系看上去活着,但已经死了……

——爱你并不容易。

我曾经试图真诚地告诉你错误在哪里,可是你自大的眼神让我心存顾忌。我只能默默地看着你穿着皇帝的新衣,去慢慢迷失……

——爱你并不容易……

我曾经试图改变自己已经犯下的错误。对于错误,我已经努力在弥补。可你每一天总会想起我的错误,把我的错误放在你那犀利的嘴边,让我感觉到我从来没有对过。我只能拼命地证明着自己,你没能够关注我的优点和成功,为我累积一点正能量,让我可以展翅飞翔。在你面前,我只能成为世界上最强壮的蚂蚁,在大象面前小心地跳着舞步……

——爱你真的并不容易……

现实的人际关系是靠效果来维持的。这种效果包括我要的成果,我要的嘉许,我要的爱与安全,我要的尊严,我要的成长,我要的支持……没有了这些,我还怎么爱你……

爱你!真的、真的、真的并不容易……

> 父母是原件,孩子是复印件。

第一篇 内在创造了外在世界

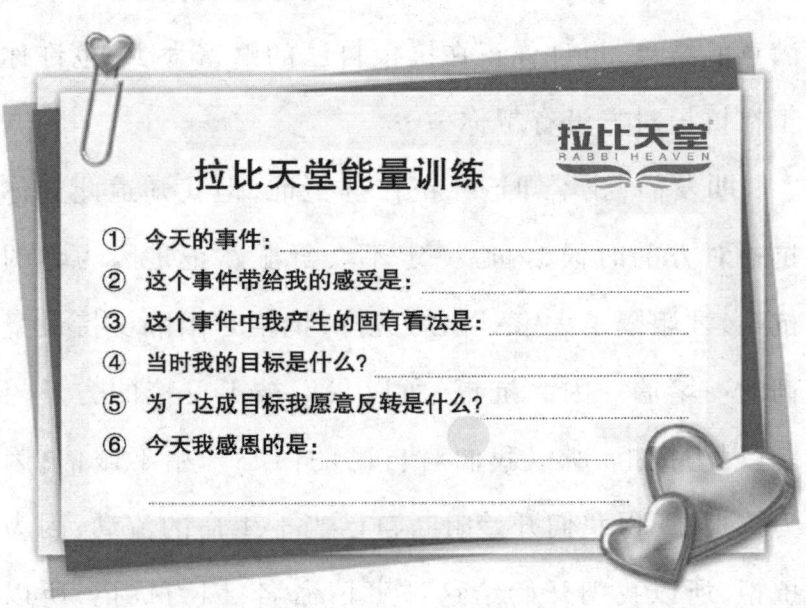

拉比天堂能量训练

① 今天的事件:
② 这个事件带给我的感受是:
③ 这个事件中我产生的固有看法是:
④ 当时我的目标是什么?
⑤ 为了达成目标我愿意反转是什么?
⑥ 今天我感恩的是:

此刻你正在抗拒谁

朋友们,此时你正在抗拒谁?

也许你正在抗拒别人对你的不尊重,也许你正在抗拒别人对你的强势,也许你正在抗拒别人对你说的那一句话,也许你正在抗拒对方的不理解与不聆听,也许你正在抗拒别人对你的不认同,也许你正在抗拒对方给予你的伤害,也许你正在抗拒自己创造了一个不满意的结果,也许你正在抗拒自己的财富太少,也许你正在抗拒对方没有帮你……

朋友们,我不知道你正在抗拒谁,但我知道此刻你抗拒对方的时候,内心一定不会舒服。正是因为你的抗拒,才阻隔了大家对你的支持,抗拒是阻隔支持最坚韧的一堵墙。因为抗拒,所以我们被不可控的力量控制;因为抗拒,所以我们对自己的内心开始不诚信;因为抗拒,所以我们开始阻断自己当下生命的流动;因为抗拒,所以我们开始给这件事情命名;因为抗拒,所以我们开始演绎无数假的"真相"!

第一篇 内在创造了外在世界

我们都活在四种生命状态当中：

第一种：活在事实中

在这种状态中，我们只关注结果，通过结果的发生，我们开始对人和事物进行对与错的评判。就事论事，没有去洞悉因果。

第二种：活在自己的演绎中

我们看到了事实，就可能会通过自己的主观判断对这个事实乱下定义。我们活在了自己过往经历形成的习惯性反应当中。

第三种：活在假设中

一个业务员在拜访客户之前经常做各种负面的假设——假如他不相信我怎么办？假如他拒绝我怎么办？假如他不认同我怎么办？假如他不相信我怎么办？我们很多人都是如此，这些假设是什么？都是我们头脑中制造的畏惧，我们被头脑用这些假设限制了自己心灵的自由。

第四种：活在真相中

在我的课堂上，我总会听到一些女学员说：老公都不爱我，我付出了那么多，他都没有看见……

每当她们向我抱怨的时候，我都会问她们三个问题：

1. 这是真相吗？

> 被动的付出必将失去，主动的付出定将回报。

2. 这到底是真相吗？

3. 你怎么知道这是真相？

当我问完之后，她们突然都被疗愈了。因为她们突然发现自己讲的都不是真相，而是自己头脑的假想与演绎……

我们活在自己的假想和演绎中，所以我们才会心存抗拒。唯有疗愈内心的抗拒，我们才能够从抗拒中解脱……

如何解脱？

学会"臣服"，是你解脱唯一的选择……

让你臣服你可能有些不开心，又要抗拒了。让你臣服什么？不是让你臣服对方，而是臣服客观事实。对方给予你的伤害已经是客观事实了，对方对你说的话已经是客观事实了，说出去的话就覆水难收啊！你抗拒不抗拒它，结果都已经发生了。较什么劲呢？臣服吧，臣服已经发生的结果，臣服对方就是那么个人，对方就是那么个性格……当你臣服的时候，你就不会试图去改变对方了。当你不去改变对方的时候，何来之苦？你每天的痛苦不就是改变别人之苦嘛！

臣服于客观事实吧，臣服于客观事实就是臣服于心中的正能量，臣服是解除抗拒唯一的方法。

当你臣服的时候你的内心才能真正回归宁静，当你宁静的时候，就可以接收到正能量，得到正能量的指引，得到宇宙能量的指引你就可以领悟道法自然，领悟

> 吃亏不是没有得到，而是没有付出。

道法自然才能绽放生命之花，我们尊贵的生命之花才可以做到创造无限……

　　自然无限精彩……

第一篇　内在创造了外在世界

> 感恩那些给你扔石头的人吧，因为他们使你站得更高。

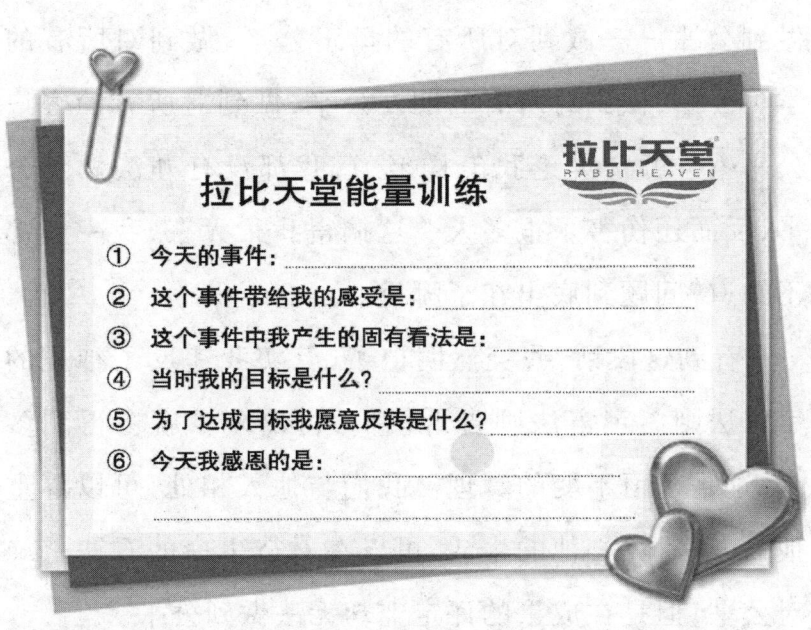

拉比天堂能量训练

① 今天的事件：
② 这个事件带给我的感受是：
③ 这个事件中我产生的固有看法是：
④ 当时我的目标是什么？
⑤ 为了达成目标我愿意反转是什么？
⑥ 今天我感恩的是：

你凭什么生气

最近很火的一段话是:"我给你了一颗糖,给了别人两颗,你就对我有看法了,你就生气了!但你知不知道他曾给过我两颗糖?而你却什么都没给过我。"

我非常喜欢这段话,这段话引发了我无限的感慨……

在生活里,我一直都有一个困惑,那就是如何才能做到公平——做到对所有的员工公平,做到对所有的学员公平,做到对所有的朋友公平,做到对所有的客户公平……可是无论我怎样努力,我都没有办法做到公平,反而还伤害了很多人。这搞得我很无奈,我一直都不知道,问题到底出在了哪里。

看到这段话,我突然明白了,其实我违反了神圣的宇宙法则。宇宙法则告诉我们,付出多少就会得到多少,这是永恒不变的真理。我们与他人相处,可以尊重他的人格,关心他的生活,可以在对待生命的看法上绝对公平,但是在成果的评定上却无法做到公平。

为什么?

第一篇 内在创造了外在世界

被动的付出和主动的付出差别在何处?

——因为每个人付出的因不一样,所以为你带来的果就不一样,可是我们大部分人只在乎能够看到的那一刻不公平。

我曾经有两名员工,有一次我在公众场合送了其中一名员工一个礼物而没有送给另外一名员工,那一刻我明显感受到他有很大的情绪。他那一刻会想:你为什么偏心?为什么给他不给我?难道你不在乎我吗?我不重要吗?果然,这种情绪在他后来的工作中持续了很久,再后来就辞职了。当时我还没有觉醒,不能洞悉其中的奥秘。

我为什么会送员工礼物,是因为他付出的比别人多,我尊重付出更多的员工。可是,我们大多数人并不会去检视自己,不会去找自己的内在原因。这是多数人的常态。大部分人不会去修正自己的"因",而只会去抱怨没有得到的部分。

这就是无明无知的生命状态。

我的生命里出现过这样一幕:我们公司有很多的天使代理商。我给其中一个代理商的奖金待遇比较高,我们称他为甲,另一个代理商叫乙。听说了甲的奖金待遇之后,乙打电话同我讨价还价,希望我也能够给他以甲的待遇。他说,这么多年,他一直都很力挺我们。那一刻我真的很无语,因为我清楚地知道,这么多年乙天天都在喊口号,很空洞,根本就没有实际行动。

可是甲这些年却一直在用生命、用灵魂、用实际行动,用一个个卓越的成果在力挺我们。每当我们面临困难的时候,甲对我们的财富支持更是义无反顾,而且业绩也非常好。因为甲的引发,有大量学员走进了我们的课堂。

可悲的是,乙不去看这些真相,不去研究自己种的"因"不够,不去检视自己创造的后果。因不同,果自然也会不同。种下什么因得到什么果,不一样的因会得到不一样的果。

可是,我们大多数人都只会种下一颗梨树种子,却想要得到苹果。这显然违背了神圣的宇宙法则。

我们的头脑太狡猾,太喜欢为自己制造冲突了。所以,如果你看到自己得到的成果,或者礼物与别人不一样,那么就该去检视一下自己,自己种的因够不够多,付出得够不够多?

当你得到的好处和别人不一样时,你凭什么生气?

你为什么生气?

因为你没有让自己看到真相。什么是真相?想知道真相,先要把和真相容易混淆的两个词搞清楚。

一个是事实,一个是演绎。我们很容易把事实与演绎当成真相。这是人类最可悲的事情之一。什么是事实?就是我们客观看到的现象。什么是演绎?就是对实际发生的现象的自我局限的看法及理解。

举例来说,假如你早晨上班看到一个妇女倒在马路边上,

> 生命最大的财富是我们内在真正的爱与慈悲。

第一篇 内在创造了外在世界

身边有大量的血,一辆轿车呼啸而过……

告诉我,发生了什么事情?你的第一反应是车祸,还是……

从现在开始你对这个结果的理解全部都是演绎!

在这个案例中,一个妇女倒在地上,一辆轿车呼啸而过……这是你看到的事实,而车祸则是你的演绎。但真相只有当事人知道,除非当事人告诉你到底发生了什么,否则我们永远也不可能知道真相。

可悲的是我们大多数时候都把事实和自己的演绎当成了真相,所以我们的大部分决定与选择都是有偏差的……

所以,你为什么没有得到更多?别人为什么给他礼物而不是给你?去发现真相是我们要做的,而不是去生气,你凭什么生气?

我决定把这个"两颗糖文化"作为我们的企业文化,以此来让更多的生命觉醒——让自己学会种下更多的善因。

让真相主宰生活,让感恩主宰生命,让慈悲主宰灵魂,让爱引领我们的脚步!

感恩能够关注此篇文章的朋友们!

> 知识专用,智慧通用。知识不是力量,智慧才是力量!

觉醒的力量 J

学习可以放假，工作可以放假，但生命的成长绝不能放假！

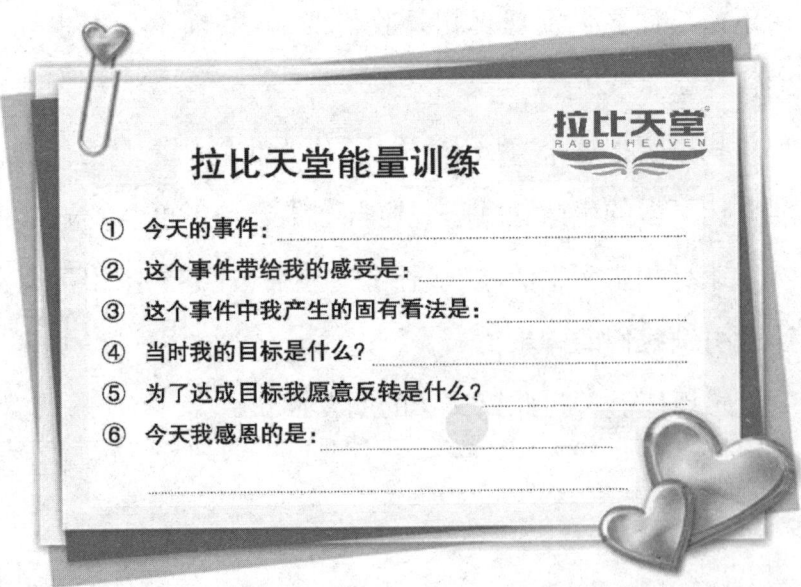

拉比天堂能量训练

① 今天的事件：
② 这个事件带给我的感受是：
③ 这个事件中我产生的固有看法是：
④ 当时我的目标是什么？
⑤ 为了达成目标我愿意反转是什么？
⑥ 今天我感恩的是：

你的愤怒是因为谁

各位,今天你愤怒了吗?

今天对方为什么点燃了你的怒火?

是对方做事情没有符合你的标准?

是你没有感受到对方的尊重?

是对方触犯了你内在的价值观?

是你没有感受到对方深深的爱与在乎?

是向对方证明自己没有错,找回一点尊严,还是通过愤怒保护自己、逃避责任?

是对方的态度不好,还是自己莫名其妙的愤怒?

你的愤怒到底是因为什么? 到底是因为谁?

我从小到大脾气都不好,经常会发怒。我进入到教育行业,已经是在很努力地修正我的内在,我已经很努力地在训练自己淡定的"功夫",可是经常还是会被对方过分的行为所激怒。每一次愤怒之后我都会陷入深深的自责中:自责在那一刻没有表现出大师的姿态,自责自己被愤怒又一次掌控了,自责自己的生命又一次陷入了愤怒

> 第一篇 内在创造了外在世界
>
> 生命是重要的成长,成长最重要的是建立梦想。

的轮回。

去国外进修过几次之后,我才彻底了悟了愤怒,读懂了愤怒。

愤怒是我们人类最大的业力之一。以前我认为有的人修养很高,可以做到淡定平静,后来我发现其实没有人能够做到,每个人都会愤怒。但唯一区别的是,每个人表达愤怒的方式完全不一样。

在国外进修时,教导老师与我们分享了一个他亲身经历的故事:

有一次,他在美国飞机场的一间办公室里看到,一名乘客正在对一名负责行李输送的工作人员大声咆哮,情绪非常激动,甚至指责并辱骂这名工作人员。这个过程持续了整整30分钟,他不知道发生了什么事情,但是让他惊讶的是,面对乘客的指责与咆哮,这名工作人员竟然非常淡定,而且脸上一直都带着微笑。

这位教导老师感到非常不解,很好奇他是怎么能够做到这一点的!30分钟后,那名咆哮的乘客离开了,指导老师就惊讶地问他:

"哇!面对他的指责和辱骂,你竟然如此平静、淡定,请问你是怎么做到的?"

"没有啊,我已经把他的行李给他发到非洲去了!他本来是要去加拿大的……"

第一篇 内在创造了外在世界

那一刻，指导老师站在那里愣了半天……

实际上，那名工作人员当时内心已经非常愤怒，但他当时是通过平静与淡定来表达自己的愤怒的，过后又通过把乘客的行李故意搞错来释放他彼时的愤怒。

也就是说，那一刻他也是非常愤怒的，只不过他用假装淡定表达了自己的愤怒，而那名乘客则用咆哮的方式表达着自己的愤怒……

我听到这个故事感到非常惊讶，一个生命竟然可以通过平静与淡定来表达愤怒！后来我就了悟到，每个人都会愤怒，可表达的方式不尽相同。愤怒分为内愤怒和外愤怒。当被惹急的时候，有的人为了证明自己有修养，而通过假装有心胸来表达愤怒；有的人为了维护自己是领导、大师等形象而通过假装慈悲来表达愤怒；而有的人则通过指责抱怨来表达愤怒……

虽然假装有心胸、有格局、慈悲比外在指责要好得多，但是却深深伤害了自己，而外在表达的愤怒却深深伤害了别人……

在这个世界上，所有的冲突都是因为内在的愤怒。当我们愤怒的时候，我们的第一反应是"我是一个受害者"，把自己放在了一个弱势的位置上。如果自己不能够及时疗愈这份愤怒的话，我们马上会成为一个"加害者"，通过各种方式来加害对方，加害这个世界。我们每天从报纸上

> 注意力在哪里，哪里就会成长！注意力放在幸福上，我们就会越来越幸福。

看到的杀人事件都是由这种模式演变而来的。

所有的愤怒如果不能及时疗愈，那么对自己的生命就是一个极大摧毁。

假如我们有了受害者的模式，那么无论我们处于何种境况都将是一个受害者。不论是我们没得到想要的那份工作或者是升迁机会，还是没有得到想要的那个伴侣，甚至仅仅是想要的那个火车或飞机上的座位，头脑里的抱怨总会把焦点集中到"可怜的我"的故事上，而不是寻找生命里正在发生的正面的事情。

从某种角度来说，满足于当一个"受害者"且还挺舒服，就会成为一个很好的借口而让我们不负责任，不进取，不去冒险……"这不是我的错""我做不了什么"或"这不公平"，这些意思即是我不需要做任何事，而且我有很好的理由去抱怨并替自己感到难过。做受害者的弊病是，只要我们依然为了我们所遭受的苦难去指责外在事件或其他人，我们就无法脱离这些苦难，因为它超越了我们的控制范围。而且，作为一个受害者，我们不可能活出一个丰盛喜悦的美满人生来。

当我们感到被境遇折磨时，通常会有两种反应，要不就是抛出白旗认输，然后像个梦游者一样恍惚度日，生活在狭窄的生活空间里，得到我们能得到的"最好"；要不然就是对抗愤怒，试图改变状况，试图把它变得不一样，于是

> 真正带给生命利益的，不是我们知道了多少真理，而是我们使用了多少真理。

第一篇 内在创造了外在世界

我们便活在了压力中。因为事情的状况就是那样,而我们抗拒的愤怒只会给我们增加更大的业力。

那么,面对我们人类共同的业力——愤怒,我们该如何面对?

我们首先要了悟的就是所有愤怒都没有错,我们人类同属于类似的头脑结构。所以,面对同一件事情,我们所有人的内在反应、内在渴求都是一样的。在那一刻,内在的愤怒都是为了小我的求认同,为了小我需要的尊重,为了小我对于爱的执着。

但是,虽然我们的内在反应一模一样,可我们内在的转化方式却可以不一样。因为内在转化的方式不一样,所以外在呈现的行为模式就不一样。所以,当我们愤怒的时候,我们于外在可以通过更加智慧的方式去转化呈现……这是我们共同追求的目标!

如何在内在完成这种智慧的转化?

首先,要觉知到自己愤怒了。

其次,要觉知到自己愤怒是因为什么。探索的一定是内在的状态,所有的愤怒和外在的世界、外在的事件都毫无关系。所有的愤怒都是在当下对方触碰了你的一个负荷,这是一个自我的信念系统,一个自我的习性反应。

再次,就是看到自己内在迸发的负荷及自我习性反应之后,要去疗愈这个曾经的负荷。

> 组长、班长、院长、校长、董事长……都不如成长。

之后,要深深地感恩……

因为每一个愤怒都让我们能够更加深刻地了悟人性,了悟宇宙,了悟宇宙的恩典……

和你的愤怒在一起!

各位,此刻你的愤怒是因为谁?

产生奇迹四大坚定宇宙量、祈祷、一切万物美好享用中的所有。

对生命的通道:信力、爱、祈祷、享用。

绝对生命的通道信力爱。

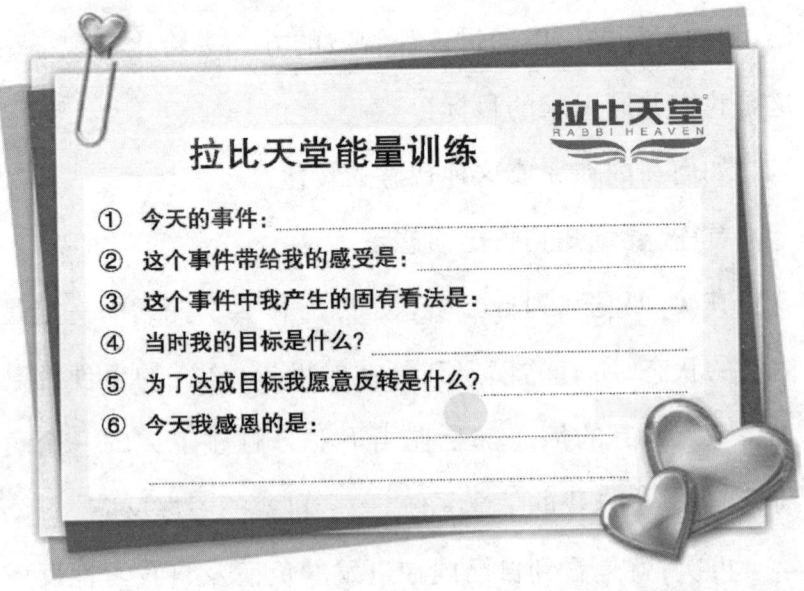

拉比天堂能量训练

① 今天的事件:
② 这个事件带给我的感受是:
③ 这个事件中我产生的固有看法是:
④ 当时我的目标是什么?
⑤ 为了达成目标我愿意反转是什么?
⑥ 今天我感恩的是:

第一篇 内在创造了外在世界

我们的语言伤害了谁

从小到大,我们都在探寻着成功的秘诀。为了探索成功的秘诀,我们用了无数方法。学习,向成功人士请教,提升自己灵性,打通自己的能量,塑造自己的"独门武功"……探寻到最后,却发现大道至简,所有成功的秘密全部藏在我们每天的语言里。

我们每个人,成也语言,败也语言!

我们在生活中经常会因为好心却伤害了对方,于不经意间我们的语言伤害了这个世界,更伤害了我们自己。因为乐观、积极向上的语言让我们取得了无数成就,也无数次地为我们攻击性及否定性的语言而付出了代价……

这个结果不是我要的!亲们,我相信你们也是这样的。我们每天说的话太多了,多得我们根本就无法再次想起。我们的语言是我们唯一的限制,我们的语言系统是我们内在信念系统的呈现……我们的成败取决于我们的语言,唯有打造我们生命中积极正向的语言系统,这才是撬动内在系统的支点。只有撬动了这个支点,才有可能撬动

> 人是什么?人什么都不是,人像个空瓶子,装什么就是什么!

地球。

然而,要想修正我们的语言系统,唯有追寻到语言系统形成的源头……

小时候家里因为太穷,被人看不起,我的生命成长完全是在母亲的打压、被强势控制、他人的嘲笑、自我自卑中顽强地成长到现在的。在学校因为打架被学校开除过,而打架的初衷却是为了伸张正义。从小学一年级到五年级,我几乎都是班里的倒数第一名,没有人看好我的未来。小时候,我的内心曾经无比痛苦,无比委屈与愤怒。可是,没有人会在乎我的感受,面对母亲的打击,面对别人的看不起,我开始本能地保护自己内在的灵命。为了捍卫我的尊严,我开始用强势、掌控、对抗、证明以及求认同的模式与这个世界互动,去和身边的人互动……

所以,从小时候开始,我的语言中就开始承载着强势、霸道、掌控、求证明的能量,我成功地保护了自己,然而我也深深地伤害了这个世界,伤害了很多家人朋友,更伤害了我自己……

在这种环境中,我长大了,也强大了,我已经不再需要通过证明什么来保护自己,但是这些模式、这种能量却深深地扎进了自己的潜意识而不能自拔。我还在自动化地释放着小时候所受的委屈与愤怒。每一天,这种能量都在掌控

当看见发生,所有的受苦就停止了。因为"看见就是自由"。

着我的灵命,形成了自动化反应……

唯有破除这种自动化反应模式,我们的灵命才能真正开始成长,否则我们会永远活在小我的魔掌下,我们会永远活在这种模式的轮回里面。

这两种否定会出现在我们每天的语言里:一种是否定自己的语言,一种是否定别人的语言。不管否定谁都是一种伤害,一种深深的伤害,只有承认才是进步的开始……

从今天开始,只要我们带着觉察去说每一句话,聆听自己内在的能量,让自己勇敢地去看到自己过去的真相。当看到真相的时候,我们的内在就已经被疗愈了。唯有让自己拥有一个健康的内在世界,所有的梦想才会水到渠成,才会明白实现梦想是一件非常容易的事情。

所以,觉察我们的语言,去修正我们的语言系统,从我们负面的语言系统里洞悉因果、洞悉真相吧。佛学上讲身、口、意会给我们带来业力:身业,简单来讲就是我们的行为,一言一行;口业就是我们的负面语言;意业就是我们的起心动念,我们做事情和事业的发心,邪念与恶念必然会产生业力。

亲们,放下对外在的追求吧,你的内在世界决定着你的外在世界,我用10年的无数奇迹成果验证了这个宇宙法则……

> 对你来说仅仅是那个感官的介入。现实于流经。

第一篇 内在创造了外在世界

觉醒的力量

当你觉醒了，头脑中就不会再有负荷。

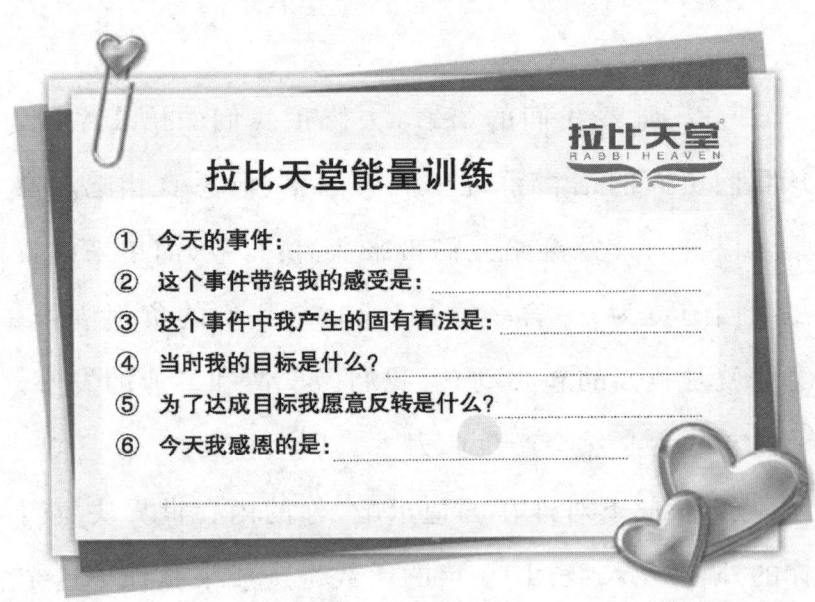

拉比天堂能量训练

① 今天的事件：
② 这个事件带给我的感受是：
③ 这个事件中我产生的固有看法是：
④ 当时我的目标是什么？
⑤ 为了达成目标我愿意反转是什么？
⑥ 今天我感恩的是：

第一篇 内在创造了外在世界

我们到底应该相信谁

世界上会出现两种人：一种是渴望成功的疯子，另一种是认为别人是疯子的人；一种是相信可能的人，另一种是相信不可能的人；一种是相信宇宙能量的人，一种是不相信宇宙能量的人；一种是相信自己命好的人，一种是相信自己命苦的人；一种是相信别人是对的人，一种是相信别人是错的人；一种是跟着外在的干扰走的人，一种是跟着自己的心走的人；一种是相信相信的人，一种是相信不相信的人……

各位，每天无论你怎样想，怎样做决定，怎样做选择，都会处于这两种状态当中，不会出现第三种状态。决定你命运的就是这两种状态，而两种状态的结果却是天壤之别。

某年，在西安的飞机场，我曾经问过一位拥有百亿财富的我的朋友王岗一个问题："一个人如何才能拥有无限的财富及成就？"他给我的答案让我半天没有明白过来。他说："谁都不要相信，特别是一些专家和有经验的人的话。跟着你的心走，相信你的心。"听了他的话之后我当时有些崩溃，因为活到现在我一直都在听

> 当一个人越深刻地意识到这个世界没有问题，一切都是自己的问题时，他便在合一中成长。

别人的建议。我相信了他的话，因为他是一个拥有巨大成果的人，毕竟他用5年时间创造了120亿元的神话是真的，我相信有结果的人。

回来后我进行了深深的思索。是啊，多少年以来，我相信着外在的建议、相信着外在的干扰，一切都在外求。到头来，我的生命却被这些东西死死地限制住了，所以才错过了创造更大的成就的可能。

这时，我想起了小马过河的故事：一匹小马想要过河，面对滔滔的河水，犹豫不决，既想过，又不敢过，于是它去问水牛伯伯。

小马问：水牛伯伯，我可以过河吗？

水牛说：小马，放心地过吧！水很浅，没事的。

小马不放心，又去问松鼠叔叔：松鼠叔叔，我想过河，可以过吗？

松鼠听到小马要过河，大惊道：小马，千万不能过啊，太危险了，我的很多朋友都淹死了……

此刻，小马已经陷入了深深的纠结与冲突中……

各位，我们每天不都在演绎着小马过河的故事吗？

如果你是小马，告诉我，你会听谁的？

你听谁的都有可能错……

不要去听外在的声音，听你内在的声音吧。

当一个生命能够跟着自己的心、跟着自己内在的意识走的时候，才能摆脱所有的束缚与限制。你的心，宇宙能量会告诉你怎样是最好的。可是很多生命却相信了自己

> 只有当你和自己在一起感觉舒服的时候，你才会自在地与世界相处。

的不相信,相信了干扰。于是,被外在注定了,一个个内在不想要的结果就自然发生了……

其实,宇宙能量一直都在给我们更好的指引(假如你相信宇宙能量的话),因为我们不信它,所以就连接不到它。连接不到,我们的生命就活在了限制当中,这是一个生命最大的悲剧。

如何才能连接到宇宙能量,聆听到宇宙的指引呢?关上你的耳朵,蒙上你的眼睛即可。去聆听你的心跳,聆听你的感觉,问宇宙能量一个问题:我真正想要的是什么?我生命中最重要的是什么?我们到底应该相信谁?

只有你的内在才会有唯一的答案……

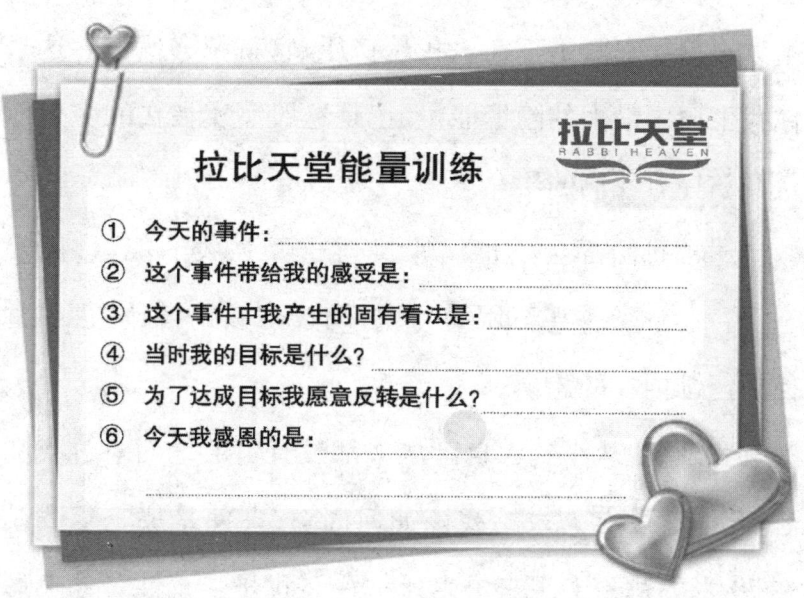

拉比天堂能量训练
① 今天的事件:
② 这个事件带给我的感受是:
③ 这个事件中我产生的固有看法是:
④ 当时我的目标是什么?
⑤ 为了达成目标我愿意反转是什么?
⑥ 今天我感恩的是:

第一篇 内在创造了外在世界

奇迹超越了理性与逻辑的世界,它是神性力量的明证。

和恐惧一起跳舞

> 奇迹是每个人生命中自然的发生,它们是宇宙意识计划的一部分。

多少年以来,我一直以为自己是个勇敢的人。一直很自信,我自信自己可以搞定一切,我自信自己可以拥有一切。可是,随着自己灵性的不断深度觉醒,我才体验到以前的勇敢与自信都是假的勇敢、假的自信,我在用假的勇敢和假的自信来逃避我内心深处深深的恐惧。我把内心的恐惧挤压在了一个我假装看不见的角落里,可是假装看不见不等于它就不存在。我越挤压,它就越会反弹。这是你我生命中最大的隐形能量,正是这股实实在在的魔鬼能量在掌控着我们的生命。

通常我们都会用情绪来逃避这股强大的能量,用愤怒、指责与抱怨,甚至用暴力、行动攻击和伤害他人,用掌控来掩饰内在的恐惧……

我发现,从小到大自己从来都没有勇敢地面对过我的恐惧,毕竟没有人教给我该如何面对,即使是那一年我站在70米的跳台上想来个生死一跳。我是强直性脊柱炎患者,我背后的脊柱是弯曲的。站在70米的蹦极台上,我不

第一篇 内在创造了外在世界

知道这一跳后果会如何！也许会死亡,也许会彻底瘫痪,也许会健康地活下来……种种无法预料的结果。当时带给我深深的恐惧,那是我生命中第一次实实在在地触摸到了恐惧。可遗憾的是,那一刻我没有去拥抱恐惧,没有与其一起跳舞,而是再一次地逃避了恐惧,用渴望逃避了,用梦想逃避了,用假的勇敢逃避掉了……

我们每一个人生命里假的能量都太多。去年我给一个客户做教练才发现了我们身上都有假的能量。当时,我帮助客户去掉了身上的所有假能量,可是对我自己身上的假能量却无能为力。直到在国外一所知名大学游学的时候,在一次实修过程中,我被蒙上眼睛要走一条长长的走廊。那一刻,我还是用"相信别人能够做到,我也能够做到"的信念逃避着本能的恐惧。不过,感谢我的宇宙能量,在结束之后我瞬间了悟了这一切。于是,我开始每天去真真实实地面对自己内在的恐惧,和恐惧在一起,让恐惧流经我的生命。

各位,恐惧是我们所有人类的业力代表。没有哪一个生命是不恐惧的,包括植物与动物,大自然的一切生物,这是我们人类及全球的业力流。这种业力流我们无法逃避,我们只能与它交朋友,共舞……

我们内心的恐惧可以总结为五种:

1. 对失败的恐惧;

> 除非你先爱自己,否则你无法爱别人。

2. 对拒绝的恐惧;

3. 对未来的恐惧;

4. 对死亡的恐惧;

5. 对要失去已经拥有的人、事、物的恐惧。

我们的大多数行为模式与情绪模式的背后都是为了逃避恐惧,这就是为什么很多推销员在销售产品的时候用这一套来吓客户的原因。买了会怎么样,不买又会怎么样。这种制造恐惧的销售策略短期内很有效。可是,人类整体在觉醒,所有人都在追求精神上的解脱。每一个生命要的是灵魂深处的那份自在与安全感,外在的物质已经无法满足这种感觉。接下来,谁能够在市场上给客户这种感觉,谁就是下一个市场的引领者。

那么,如何才能坦然地和恐惧跳舞呢?

各位,也许你在看这篇文章的时候正在经历着恐惧与痛苦,但是让我们痛苦的不是恐惧本身,而是我们一再地想要逃避这些恐惧与痛苦。

去掉恐惧最好的办法就是承认自己内在的恐惧,如是地接纳这份恐惧,千万不要逃避。一旦逃避,恐惧就会掌控你的生命。那么,其外在结果就会如你所愿:恐惧失败一定会得到失败的结果;恐惧拒绝一定会得到拒绝的结果;恐惧失去,你一定会失去;恐惧死亡时间久了,你便真的会死亡……

学会接纳恐惧,与恐惧一起跳舞吧……

第一篇 内在创造了外在世界

> 真正的静默,不是音的对立面。实际噪音,它是冲突的的。没有的。

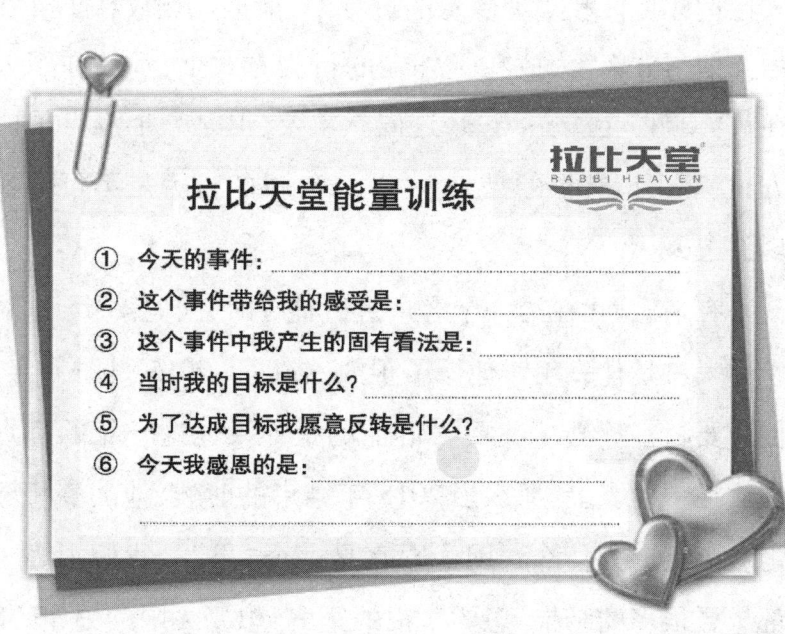

拉比天堂能量训练

① 今天的事件:
② 这个事件带给我的感受是:
③ 这个事件中我产生的固有看法是:
④ 当时我的目标是什么?
⑤ 为了达成目标我愿意反转是什么?
⑥ 今天我感恩的是:

要实现梦想，除非……

要想实现梦想，除非你能够自己破解你的因果轮回；除非你能够打破自己过去无效的思考惯性与模式；除非你能够彻底更新自己的生命软件；除非你能够让自己内在的生命开始成长；除非你从现在开始打通自己的能量……

如果这一切不改变，再美妙的营销方案、再详细的计划、再完美的目标和梦想也将成为空中楼阁。我们大多数人在达成目标和实现梦想的过程中，都把焦点放在了外在的计划与方案上，放在了外在的行为方式上，都放在了外在的"事件"上……当然，这固然重要，但是一个没有根的方案、一个没有根的计划、一个没有根的行为是不可能实现的……

有一次，我在给一个客户进行辅导时，问他：2015年对于你来讲是什么年？他愣了很久，告诉我2015是财富年，他想要财富反转。我要告诉他的是如果他这一年的焦点都放在了财富上，那么当2015年结束的时候，他的梦想注定会落空。为什么？因为财富是一个"果"。我们很多人都想要很多的结果，想要幸福的家庭、想要无限的财富、想要成功的事业、想要他人的尊重、想要成功的团队、想要和

第一篇 内在创造了外在世界

谐的人际关系、想要得到整个世界……

你想要什么都没有关系,当你想要这一切的时候,你的焦点都会在外在的"果"上下工夫。为了达成那个"果",你要怎么怎么样……实际上,这个样子你已经和自己的梦想脱离十万八千里了……

让那个"果"能够发生的是"因",是种子,是你在自己的内在生命系统里种下了一粒优良的种子。是你的起心动念,是你的内在信念系统决定了那个"果"的发生……这一切不改变,你将永远活在自己过去的轮回里,你每天的结果、每个月的结果、每年的结果都将是涛声依旧……你的明天也只不过是昨天的重复,你的命运早就已经被自己旧有的"因"所注定……

今天你的外在出现的状况,全部都是因为自己的内在系统出了问题。也许你正在为索要欠款而发愁,也许你正在为员工年后是否能够再来而担心,也许你正在为今年的产品销量不理想而郁闷,也许你正在迷茫不知道问题出在了哪里,也许你正在为要不要去做一件事情而纠结……实际上,生命的真相是你的内在能量系统出现了紊乱。

其实,实现一个梦想是一件非常容易的事情。去年我的梦想全部达成了,而且轻而易举,并且出现了很多超出我期望的奇迹。为什么?是因为我一直都在改变自己内在的"因",一直都在更新自己的信念系统,一直都在更新自己内在的生命软件,一直都在修正自己的起心动念……

> 丰盛或贫穷都始于念头。

尝试变得自然就是不自然。

2015年对于我来讲,是贡献年。我要活在贡献的频道里,带着贡献他人的心、贡献社会的心去活出自己,去支持别人实现梦想,成就更多的生命,唤醒更多的灵魂……

各位,每时每刻都去关注自己当下的"果",基于当下的果再去探索让这个果发生的"因",再基于未来去探索当下自己正在种下什么样的"因",这个"因"又会产生什么样的"果"。带着觉察去过生命中的每一天,唯有觉察才能真正开始生活。

而我们每天要做的就是让自己内在的"灵命"不断地成长与成熟。让我们的每一刻都活得更有价值和意义。各位朋友,带着梦想让我们一起去经历生命……

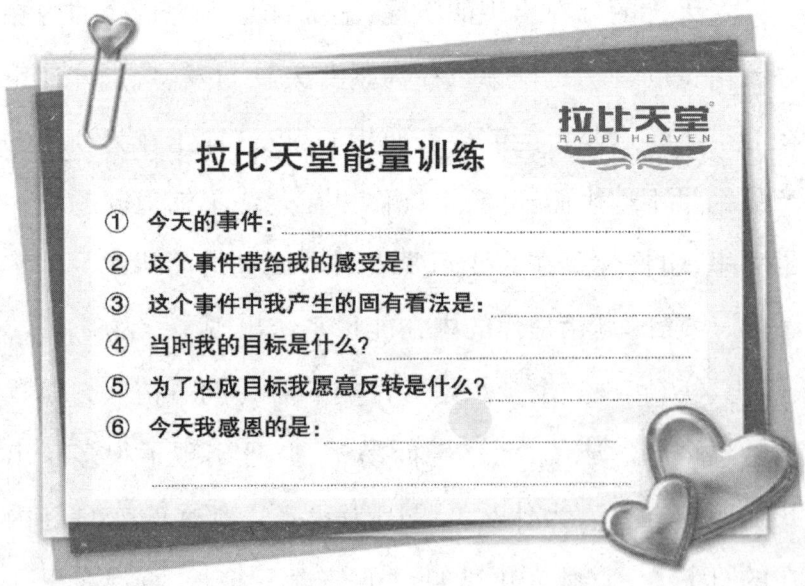

拉比天堂能量训练

① 今天的事件:
② 这个事件带给我的感受是:
③ 这个事件中我产生的固有看法是:
④ 当时我的目标是什么?
⑤ 为了达成目标我愿意反转是什么?
⑥ 今天我感恩的是:

第二篇

拥抱自己的内在世界

你的内在发生了什么

智慧的父母会带着孩子一起进入一个环境，一起做出改变。

有一次，我的客户通过我的支持取得了丰硕成果。我在帮他作总结时问他："出现这些卓越的成果，是你的内在发生了什么？"他一愣，想了半天，在我的引导下才总结出了自己不一样的内在能量。很显然，他过去没有这样总结过。

各位朋友，当你的生命中出现一个成果时，你有没有总结过自己的内在到底发生了什么？不管是好的结果还是不好的结果。每年，在我的生命中出现一个个奇迹时，我都在问自己："我的内在到底发生了什么？"而当我的生命中出现了我不想要的结果时，我也在总结——我的内在发生了什么？

这个世界是由无形的能量与有形的物质组成的，而所有物质形态都是由无形的能量产生的。所有物质世界的成果都是自己内在能量层级的呈现，所有的物质世界其实是空的、虚幻的，瞬间即灭。比如，一座高楼大厦可以被拆迁部队很快毁掉，一个生命可以瞬间消失在这个世界上，一堆木材可以被瞬间烧得精光……

我们看到的有形的世界其实都是虚幻的世界，每一刻都在发生着变化。唯有宇宙的能量是永恒不变的，从人类与万物出现到现在都没有变过。可惜的是，我们很多人出现一个成果时都会对外在的世界作总结，而没有进入自己内在的能量世界深深地探索。所以，即便自己拥有了丰硕的财富与成果，过一段时间也会走向低谷。这就是《易经》上讲的"物极必反"的理论。

唯有永恒的内在能量世界才可能守住自己外在的物质成果。今天如果你取得了丰硕的成果，那么一定是你的内在生命底层活出了爱、感恩、自信、真诚、力量、真实、付出、包容、相信、利他之心等内在的能量；而如果你今天没有得到自己渴望的结果，你的内在一定是恐惧、焦虑、紧张、自卑、不感恩、计较、索取、嫉妒、害他之心的能量……

负面的内在能量一定会使你得到一个自己不满意的外在成果。正面的内在能量一定能支持你的外在硕果累累……各位，面对今天在你生命中出现的成果，你的内在到底发生了什么？宇宙的能量是永恒不变的，把一个无形的能量通过有形的课程讲出来，表达出来，能够落地生根产生成果，这就是我们课程的伟大之处。

我把今年定位为我的感恩年，每天我都会引领自

第二篇 拥抱自己的内在世界

> 无私是强者，自私是弱者；奉献是强者，索取是弱者。

己的团队进行感恩训练，目的就是把我们内在的能量有效地管理起来，管理得积极正向。所以，在外在的物质世界我才创造了一个个传奇……

当一个结果没有让你满意时，通常有四种情况：第一种是外在的模式行不通，模式不对，努力白费；第二种是内在的能量频道不对，能量不通，自己内在的起心动念产生了低频率的能量振动；第三种就是"因"没有被种下；第四种就是宇宙能量知道你现在还没有更高的承载力，还没有准备好接受恩典。

带着觉察去总结今天的成果是如何发生的，也许你会发现一切的因果真相……

各位朋友，尽量不要在外在的世界总结自己，因为今天让你成功的东西，明天可能就不管用了。因为外在的物质世界是转瞬即逝的，是随着你内在的能量水平不断变化的。同样一个让别人成功的模式，你复制过来可能就会失败，因为你永远无法复制对方内在的能量……唯有不断提升你内在的能量水平，宇宙能量才会在外在的世界为你匹配出更好的模式、更好的贵人、更好的高人、更好的合作伙伴、更好的财富、更好的结果……

基于结果，让自己的生命活在深深的觉察当中……

洞悉内在的世界，你的生命才会开始走向不同……

> 快速成长的七大要素：建立大愿、寻找老师、清理圈子、淡泊名利、勇敢面对、超长体验、持续积累。

第二篇 拥抱自己的内在世界

> 成长是生命最大的财富,成长是生命唯一的财富。

拉比天堂能量训练

① 今天的事件:
② 这个事件带给我的感受是:
③ 这个事件中我产生的固有看法是:
④ 当时我的目标是什么?
⑤ 为了达成目标我愿意反转是什么?
⑥ 今天我感恩的是:

觉醒的力量

除了成长,财富一无是处;除了成长,生命一无所有!

我们到底该听谁的

各位,当你在做重大决策的时刻,你对决策所要产生的结局充满了信心吗?你对自己英明的决断深信不疑吗?当直觉与预感从潜意识流经你的心灵时,你会抓住这些灵感的直觉并愿意遵从而行吗?或者,你会迷失在疑惑与恐惧的纠结之中。

你知道决定我们心境的是什么吗?是我们内心的神圣指引着与我们习染的小我相互角力导致的!而我们每一次都会在其中间跳舞。

在我们内在的世界里,永远都有两种声音于每一个当下对话。也许你一直想弄明白,为什么有些人看起来是如此平和、如此自信,深信自己一直都走在正确的道路上;而另一些人却时常会陷入不知所措的纠结矛盾之中,就是买包口香糖都会陷于纠结之中。是什么让这一切如此不同?我们怎样才能知道什么情境是"正确"的,什么又不是呢?我们每天到底该听谁的?

我们要想知道该听谁的,就必须清晰这两种声音的准确内涵,了解二者之间的区别。唯有这样,我们才能真正从纠结中解脱,才能真正做出每一个灵性的决定来。当它是一个灵性的决定时,你永远都是正确的。

因此,学会辨别神圣指引与小我渴求,是我们灵性成长中最为重要的一步!

小我渴求不仅限于通常的自我陶醉般的思维及行动,它其实时时都沉浸在恐惧中,它害怕被觉醒的我们抛弃,因此经常会试图阻止我们踏上神圣的灵性觉醒,并阻挠我们知晓灵性的真相。其实,小我误会了。它和我们是一体的,是不能被抛弃的。学习如何辨别小我设下的陷阱,就能使我们脱离恐惧的牵绊,面朝梦想,自信而行。同时,我们应该在爱中圆融小我、安慰小我、安顿小我,让小我安静地关注灵性、体验灵性,在灵性中成长!

1. 灵性指引的背后始终来自于爱、传递爱、给予爱;而小我状态,则通常表现为自我自私、恐惧不安、猜测想象。

2. 灵性指引永远鼓舞我们活出真实的自己来;而小我状态却让我们活出他人的与社会要求的自己,活在集体意识中,随大流。

3. 灵性指引让我们觉醒到每一件事情的发生和事件没关系、和他人没关系,只和自己内在的生命黑洞有关系,灵性指引支持我们活出一个责任者状态来;而小我则认为自己是一个无助的被害者,同时又觉得自己不够好,把所有的过错都归于他人,让我们的生命陷入到轮回之苦中。

4. 灵性指引帮助我们在每一个领域都显现出心中最真实的渴望与内心的充实;而小我却阻碍着自己或认为自己永远都不会得到想要的,它总是在表达着匮乏与贫穷。

5. 灵性指引最大限度地帮助我们用自己的力量去做

> 世界不需要复杂的知识,只需要简单的智慧。

富有意义的工作,活出以目的为导向的人生;而小我总是让自己活在他人的期望以及集体意识的要求里。

6. 灵性指引给我们的是积极的反馈,带给我们的永远都是爱与正面的价值,没有负面;而小我则总会让我们活在无谓的指责中,既指责自己又指责他人,永远都看不到价值,只会看到痛苦与伤害。

7. 灵性指引会每次一小点、一步步地给予我们可行性的启示,帮助我们提升,使我们更加平和地接近自己的目标;而小我则导致自己在思想和情感上陷入到纷争与不安。它不善于采取积极的步骤,不是让自己豁出全部,就是让自己什么都做不了,从而使自己瘫痪在恐惧中。不是让自己一步一个脚印地走,而是投机取巧。在险要时刻会说:不成功便成仁,逼迫自己跳下悬崖。

8. 灵性指引往往非常简单;而小我则设法让事情看起来很复杂。这样才能证明小我的存在,就像有些教授把很简单的原理搞得特复杂以证明其是有学问的一样。

9. 灵性指引是直接明了、重复不变的;而小我则总是出乎意料地冒出一些东西给自己,从而将自己引离最初由神圣灵感所引发的目标。

10. 灵性指引总是在我们力所能及的范围之内给予顺势的启发与帮助;而小我则总是先评判再否定。

11. 灵性指引在适当的时机予以温和的启发,鼓励你持之以恒地一步一步去走,哪怕你赶不上神圣计划,也会帮助你保持向着神圣目标前进的节奏;而小我则设置虚假的不切实际的时间表,并告诉自己如果错过时机就失败了,试图让自己放弃。

12. 灵性指引会给我们具体的目标去努力,例如"卖出1000本书",但不会使用数字指标来作为评判成败的标准,它仅仅是让我们保持方向朝着目标前进;而小我则利用数字目标作为控制、操控和比较评判自己与其他人的手段,这些数字目标往往是很难或不可能实现的。

13. 灵性指引给我们和平宁静的、正向温暖的能量感;而小我的意识则流经自己,让自己充满着恐惧与消极的情绪。

14. 灵性指引给我们一种明确的感应:"是的,就是这样。我知道这是我应该做的。"而小我则发出模棱两可的思维意思,让自己感到担心与困惑。

15. 灵性指引往往来自于爱、平和及服务,并且提示我们去服务他人;而小我却说:"这一切都是为我而设计的!"不在乎自己的行为如何影响他人。

16. 灵性指引希望我们在创造中获得快乐,在成果里获得丰盛与喜悦;而小我则让自己在所谓的失败中感到内疚与不值得。

17. 灵性指引提示我们去与他人分享并乐意用行动去帮助他人;小我意识则总是说:"要拼才能赢,要么赢得全部,要么失去一切!"总认为好处不可能人人都有份儿,只有强者可得之。当发现某事或某人需要帮助时,小我总是说:"我没有办法,我怎么做都是无济于事的。"

18.灵性指引让我们明白每一个生命都是神圣的,人与人是平等的。在此相聚是互相学习,体验成长,没有好坏,都是为了受教;而小我意识则让自己去与人竞争,从而分出胜负强弱。

19.灵性指引始终尊重我们,即使是在一个真实的情况中要我们注意改进,其提示也是温和的;而小我则不会尊敬,不管是对自己还是对他人,其总是说:去他的,管它呢,就这样了。

20.灵性指引不让我们经由自己、他人之间,在万事万物之间进行比较或判断而发现宇宙能量,以灵感的方式展现给我们;而小我则总是判断,总是比较。

21.灵性指引让我们敞开心扉,激发灵性能量在我们的脉轮之间流动,调谐我们的能量频率,舒缓我们的情绪,使我们处于安宁状态中;而小我则给自己带来恐惧,阻碍自己的脉轮运行,耗尽自己的精力。它带给自己紧张、消极的精神氛围,让自己的心灵能量于紊乱中化为毒素。它导致自己处于亚健康状态中。

22.灵性指引让我们更接近真理,体验爱与疗愈,走向人生的终极目标。它会让我们振作起来,让我们在自己和真理、爱以及生活的目的中醒来。其指引就是疗愈,伴随我们走向和平与热情;而小我则害怕自己从真理、爱、疗愈与自己的人生中醒来。小我会用"必要"或"逻辑"等来装扮自己,把自己涂上真理的色彩。可是,恐惧才是小我的本质特征。小我耗尽自己，使自己失去信心并且让自己始终都有"一无是处"的感觉——自己越靠近神圣目标，小我就越反抗。

23. 灵性指引时时处处伴随着我们一起工作，无论我们的身心处于何种境地，它都在我们的周围及内里，并让我们感受到对我们的回应与接纳。它在每一个步骤都能给我们指引方向，它知道我们可以从哪里获得舒适，它让我们处于略微舒展放松安宁的状态；而小我则处于自己假设的恐惧及弱点中，并告诉自己，必须要克服它们才能达成伟大目的。它让自己迷糊，让自己以为自己不够好，或者告诉自己：我还没有做好充分准备，因此，那些期望对于我当前而言是遥不可及的。

24. 灵性指引让我们的目光超越了我们的境界。它在我们的心灵深处给了我们一个愿景启示，让我们坚信那是可以到达的，即使我们还不知道如何或为什么能够那样，确保我们所做的事业能够达成，不管事业大小；而小我则试图阻挠自己超越所在的境界，或给以自己一个无法实现的看似宏伟的目标。它怀疑自己与既定的目标，否定自己与既定的目标，或用高不可及的目标让自己或别人失望。

25. 灵性指引总是让我们将一件事情建立在另一件事情的基础之上，让我们理解所有学习到的、所有做的都是相互支撑的，都是一体共荣的，并且，在这样的理念中，向着自己与他人的共同利益与生命目的努力迈进；而小我则

> 有伟大梦想三大条件：伟大、美好、无私。

希望自己在没有任何中间过渡的前提下直接从这儿跳到那儿。它试图一下子从开始跳跃到结果,而当发现这是不可能的时候,它会觉得一切努力都是徒劳无益的。它认为一切都是不相关的,是浪费时间。

26. 灵性指引永远不会伤害我们自己或其他人;而小我则会在利害关系中伤害自己与他人。

27. 灵性指引带给我们宽恕与真理;而小我则坚持自己总是对的,极力证实自己的愤怒、消极或不宽恕都是有正当理由的。

28. 灵性指引像一个不错的朋友或睿智的老者。它往往是平静、温和、坚定及始终如一的;而小我则爱发脾气,像个孩子,激烈地指责别人像个失控的青少年,控制与操纵别人像个独裁者或是控制狂。它会表现出两极化、精神分裂、难以捉摸,具有不稳定性、极端性以及批判性。

29. 灵性指引让我们思索当下,活在当下,让我们在真实的身份中感受平静与自信;而小我则让我们活在过去的痛苦及对未来的恐惧中。

30. 灵性指引在我们敞开心灵之时、在我们和平宁静之时、在我们仰天请求帮助之时降临,那时,我们会感受到宇宙能量的临在。灵性指引将简化问题作为可行的解决方案。灵性指引的到来,通常会伴有安慰、感恩或复苏的感觉;而小我的情绪则在困惑或略带恐惧时来袭,并且将这种困惑与恐惧像滚雪球一样越滚越大。一旦说"我感觉好极了"或者自信地陈述一些自己认为的真理时,其可能就会像疯牛一样发作,让自己出丑,从而摧毁自己的自信心,证实自己很渺小。

31. 灵性指引接受赞美与嘉许,知道那些荣耀是宇宙能量的光芒通过我们加以显现;而小我则拒绝接受赞美,认为赞美不真实或者别有用心。它总是在嘀咕"我不值得被赞美",哪怕自己真的很棒。

32. 归根结底,灵性永远指引我们活出爱与感恩,而小我却永远让我们活在头脑制造的幻想当中。

感恩宇宙能量的指引,让我在高灵性状态下写完了这些不同。当我们清晰地了悟了这一切,每一刻我们就能做出正确的抉择来。人生就是一场灵性的游戏,当你把生意、工作,把赚钱当作一个灵性觉醒的游戏去"玩"的时候,一切都会自动发生。深深感恩这段时间我内在的宇宙能量默默地陪伴,默默地给我以灵性的指引,让我不断摆脱头脑的控制,我内在的灵命不断地更加成熟。

> 成长是创造奇迹的唯一途径,分享是让生命最快速成长的秘诀!

觉醒的力量

是界奇最奇我们自然所有中的迹大迹。

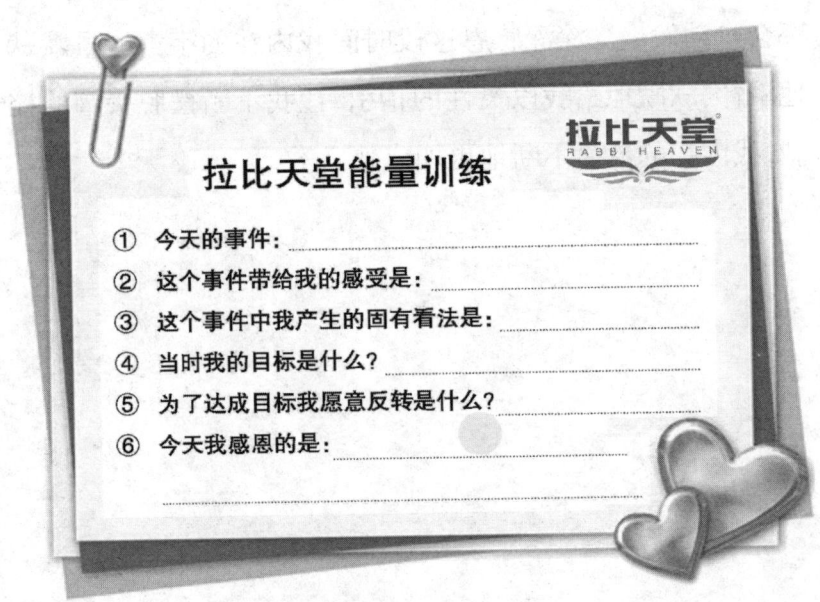

拉比天堂能量训练

① 今天的事件：
② 这个事件带给我的感受是：
③ 这个事件中我产生的固有看法是：
④ 当时我的目标是什么？
⑤ 为了达成目标我愿意反转是什么？
⑥ 今天我感恩的是：

究竟是谁在诅咒你

也许到现在你都不明白自己的财富状况为什么会一团糟。

也许到现在你都不明白自己的家庭为什么反复出现争吵的情况。

也许到现在你都不明白自己的身体为什么会反复出现病痛。

也许到现在你都不明白倒霉的事情为什么发生在了你身上。

也许到现在你都不明白自己的家族里为什么经常充满着暴力冲突。

也许到现在你都不明白,你经营的事业怎么突然间便遇到了灭顶之灾……

这个世界上从来都不会无缘无故地发生一些事情,或者不发生一些事情。在我们生命中的每一个时刻,都在对应的时间与节点发生着对应的事情。没有一件是这个时间不该发生的。那么,到底为什么会这样?

——是因为你遇到了诅咒!可怕的诅咒!

> 第二篇 拥抱自己的内在世界
>
> 物质不能让世界美丽,唯有美德、智慧与爱才能;物质不能拯救人类,唯有美德、智慧与爱才能。

很多人在这种诅咒中自杀！很多人在这种诅咒中离婚！很多人在这种诅咒中失败！

那么，到底是谁在诅咒你？

前几天我给一名学员在一个房间里做了一次深度疗愈，其目的是处理他多年以来的胸闷。他胸闷的能量卡在了他与父亲的关系上。从小到大一直到他的父亲去世，他和他的父亲都是敌对关系，水火不容。他的父亲已经去世很久了，但是他每天都生活在与父亲关系的恐惧魔咒之中。经过3个小时的疗愈，结束之后他的胸闷就完全被疗愈了。他的胸口受到了他父亲负能量的牵引。

各位，分享到这里，你不要感到惊讶。我疗愈过很多这样的个案。

我们的病分为两种：

一种是物理性疾病。这种疾病通过吃药或手术就可以疗愈。

而另外一种疾病则是能量疾病，也叫作灵性疾病。这种病吃药没有效果，需要到潜意识很深很深的地方去疗愈。

这不是我分享的重点，我要分享的重点是，这个学员这么多年一直都被"我胸闷是因为我的父亲在诅咒我"这个念头诅咒着，而他却浑然不知。他父亲并没有诅咒他，是这个念头一直让他陷入到可怕的魔咒中。

> 命运是一个个选择连接起来的轨迹，命运是不断创造累积起来的总和。

第二篇 拥抱自己的内在世界

在个案结束之后,他又邀请我为他处理另外一个恐惧,那就是从1993年到现在已经二十多年了,他说每一年的5月8日,他都会很倒霉。现在马上要到5月8日了,他又陷入到深深的恐惧中。其实,这个个案的真相是当第一次在5月8日出现一个倒霉的事情时,他的头脑就开始留下了一个记忆、产生了一个念头,这个念头就是"我5月8日要倒霉"。而当他的头脑开始认同了这个念头,这个念头对他的诅咒就开始了,以致令他每一年都会得到诅咒。

被持续放大的念头等于事实。

我们在生活里发生的所有结果,都是一个念头被持续放大了。每一件事情发生后,我们的内在都会产生一些念头。这些念头并不可怕,可怕的是我们的头脑认同了这些念头、相信了这些念头。一旦认同了,我们就无法逃脱被诅咒的命运。

有一名江苏的学员,每到秋天就咳嗽,很多年都是这样,吃药都没有效果。他看了很多医生都没有办法,而且有些医生竟然告诉他,这是一种慢性病,无法治愈,于是在他的头脑里就产生了"我的病是看不好的"的念头并加以认同。于是,他便得到了诅咒。我在课堂上给他做了一个简单干预,其当场就被疗愈了,那几天一直都没有咳嗽,后来很快就痊愈了。而我只是打破了被他头脑认同的诅咒而已。

我自己是一个强直性脊柱炎患者,这个病在医学

> 心在哪里,命就在哪里;心是什么,命就是什么。

上被称为"不死的癌症"。当我在16年前被医院诊断出病情之后,医生就给我的头脑中下了一个诅咒——"这个病是没有办法治疗的"。于是,我的头脑也认同了这个念头。之后,曾经一度消沉过,感受到了自己命运的悲惨,所有梦想都被这个念头一瞬间所击垮。我曾经一度酗酒如命。而我要深深感恩的是妻子帮我破了这个诅咒。我妻子每天不断给我讲"所有的疾病能来就一定能走",于是我的念头被替换掉了。这种被不断强化的念头令我创造了一个医学界的神话,我的疾病基本上疗愈了!

我的偶像——伟大的催眠大师埃里克森从小便得了小儿麻痹,被医生判了死刑,认为他活不过3个月。埃里克森从小灵性便很高,所以他头脑中出现的念头就是"我要挑战,你们说得不对",于是3个月后他还活得好好的。后来,医生又断定他永远都站不起来,但他的头脑依旧没有认同这个诅咒,而是挑战了这个念头,结果他又成功地站了起来!

各位,是谁在诅咒你?是他人为你输入的负面念头!所以,交朋友一定要交拥有正能量的朋友,否则我们会被负面的念头所诅咒。

是谁在诅咒你?是你的头脑坚定认同的念头!被诅咒并不可怕,可怕的是你此刻还没有觉醒。

那么,我们该如何破除这些诅咒呢?

第二篇 拥抱自己的内在世界

> 为自己着想,只会生出心机;而为众生着想,才会生出智慧。

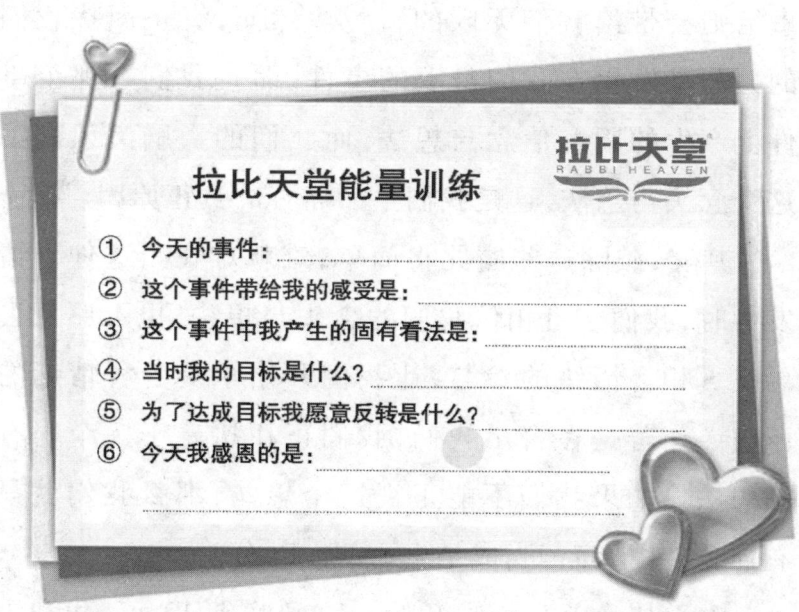

拉比天堂能量训练

① 今天的事件:
② 这个事件带给我的感受是:
③ 这个事件中我产生的固有看法是:
④ 当时我的目标是什么?
⑤ 为了达成目标我愿意反转是什么?
⑥ 今天我感恩的是:

破除你的那个魔咒

> 宇宙的规律是：分享什么，就得到什么，越分享越得到。

在上一篇文章里，我带大家一起看清了被诅咒的真相：是头脑认同的念头在牵引着我们的生命能量。而我们要想活出自己真正的人生来，就必须破除掉这些禁锢生命的魔咒。

在漫长的生命历程中，我们每天都在经历着各种各样的事情。一些事情会带给我们深深的痛苦，一些事情则会带给我们无限的喜悦。然而，真正困扰我们的并非是发生在我们身上的事件，而是我们在那个事件上产生的固有信念与想法，而我们的头脑又认同了这个念头与想法，这是我们生命痛苦的真正原因。

其实，破除这些魔咒很简单，难就难在当这件事情发生时，我们宁可相信我们的念头与想法，也不愿意去寻找真相。情绪的参与，让我们开始承受各种情绪的压力。痛苦是在警示我们，我们正在执着于一个固有的想法。如果我们不能正视这个想法，那么我们就只有痛苦，并把痛苦当成是生命的一部分。

昨天从晚上6点钟开始一直到晚上12点，我和妻子系统地总结了最近在我们身上产生的一系列情绪：

有愤怒的,有痛苦的,有悲伤的,有无奈的,有伤心的,有心痛的。我们在没有让情绪参与的状态下进行了一次灵性教练旅程。当一件事情发生后,小我会让我们的情绪快速参与其中,而情绪一旦参与,真相就会被掩盖,我们对事情的处理方式也会发生变化。因为处理方式的变化,结果也会变得完全不同。

我们系统地从每一个情绪背后找到那个魔咒,找到那个真相。当我们找到那个真相之后,我发现自己的愤怒、无奈、伤心等各种负面情绪都不见了,各种困扰我们的想法与念头也全部消失了。我的内心充满了暖暖的热流,我发现周遭的一物一景变得如此美丽与可爱。

昨天我们用了一个教练工具很快就把困扰我们的魔咒破除了。这个破除魔咒的教练工具我称之为"乾坤大挪移"。

我非常喜欢这个教练工具,它能够瞬间帮我进入到内在,看清真相,疗愈内在,使能量反转……当我们深信不疑的念头和真相发生冲突时,我们的内在才会受苦,而唯有当我们的内心全然清明之时,当下的真相才是我们想要的。

从每一个事件当中我们产生的念头本身并不具有杀伤力,具有杀伤力的是我们的认同,是我们的深信不疑,是我们的执着。所有痛苦的魔咒,一旦我们发现了它的真相,当下一次再出现时,就会变得可笑与可爱。

当自己的情绪来临时,"乾坤大挪移"教练工具的六个步骤为:

> 第二篇 拥抱自己的内在世界

> 未来的穷人不是没有钱的人,而是没有精神境界的人。

> 宇宙的规律是：分享什么，就得到什么，越分享越得到。

1. 问自己，此刻内心是什么感受？
2. 此刻的感受里执着了什么念头？
3. 这个念头是真相吗？
4. 我能够百分之百地肯定这是真相吗？（一般问到这个问题时，我们的念头就会松动，我们的内在就开始怀疑这个念头的真实了。）
5. 接着再问：如果我一直执着于这个念头，我会是什么反应？
6. 如果我觉醒了，没有了这个念头，我会成为一个怎样的人，活出怎样的生命？

各位朋友，当你的情绪来了时，可以让自己尝试一下它，会很有效的。

感恩各位朋友和我一起经历生命的成长！

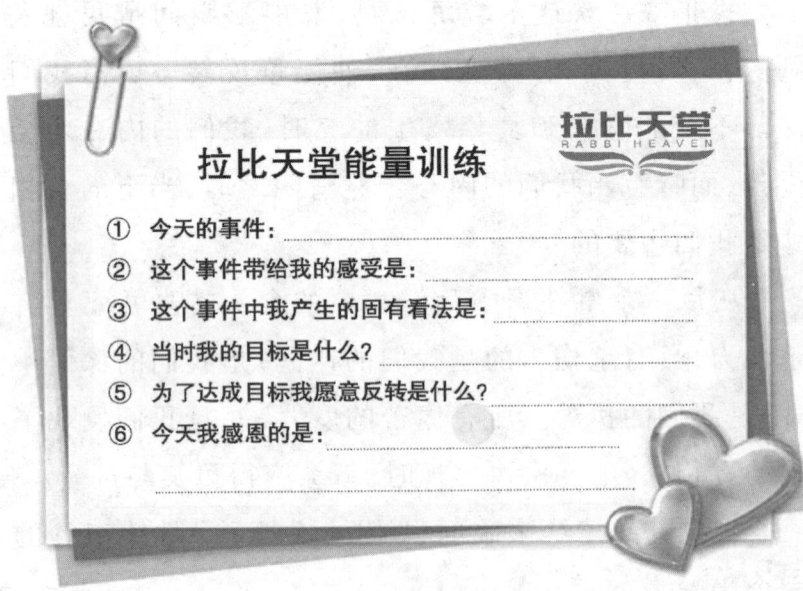

拉比天堂能量训练

① 今天的事件：
② 这个事件带给我的感受是：
③ 这个事件中我产生的固有看法是：
④ 当时我的目标是什么？
⑤ 为了达成目标我愿意反转是什么？
⑥ 今天我感恩的是：

第二篇 拥抱自己的内在世界

跳出生命的轮回

生活中经常会出现令人非常愤怒的人和事件,将圆满觉醒的能量带入到阴性的世界,一次次陷入到小我的阴谋,小我瞬间把我们拉入了过去的轮回。在这种生命的轮回中,灵魂会经历严峻的考验与神的洗礼。负面的情绪、莫名的痛苦正在侵蚀我们的阳性能量,这一刻我们要做的就是跳出过去的轮回,否则我们所有的修炼都会前功尽弃。

每个生命的每一天都会在自己的能量空间里面遇到不同的事件、不同的人、不同的财富、不同的贵人,这些事情的发生、这些人的出现会让我们的小我产生剧烈的情绪反应,而这种情绪反应我称之为是"小我反应"(ego)。因为当一个事件发生的时候,我们过去的每个思想、每个记忆、每个情绪都会被迅速唤醒,所以我们处理事情、处理关系的角度与反应就是我们过去生命轮回的真实写照。从灵性的角度来说,这就是所谓的无意识。我们的思想,我们心智的内容,当然是被过去所制约的。过去是指:你的教养、文化、家庭背景等。你心智所有活动的最核心部分包含了一些重复与

> 最大的财富不是赚得金钱,而是赚回生命的价值与喜悦。

持续的思想、情绪和反应模式,这些都是你的情绪所强烈认同的。

当我们的生命再一次陷入到过去的轮回与制约时,在这种业力轮回的时间及空间里,我们似乎正在失去更多。觉醒的能量是一个拥有的能量,轮回的能量是一个失去的能量。当我们的能量处于觉醒状态时,是在释放拥有的能量,当这种拥有的能量不断释放的时候,我们的外在世界就会得到更多;然而,在一个情绪轮回里,我们却不断释放着匮乏和失去的能量,这种能量会让我们外在的世界变得更加贫乏与痛苦……

感恩生命中每一件引起我们情绪反应的事情,通过这些事情的发生会让我们觉醒的速度越来越快,跳出生命轮回的速度也越来越快。

站在自己的角度去看问题,永远都无法摆脱问题的轮回与生命的制约,唯有借助于自己内在神性的力量,让自己来到更高的意识层次,问题的轮回和生命的制约才会自动消失。不识庐山真面目,只缘身在此山中。

对于一个没有觉醒的生命来讲,当让自己不爽的人或者事情出现的时候,会出现小我反应及轮回反应。这种轮回反应最明显的表现就是怨恨、愤怒与悲伤。怨恨与愤怒,是小我最喜欢用来壮大自己的伎俩。每个抱怨都是心智制造的小故事,让你对其深信不疑,无论你是大声地抱怨还是在脑海中抱怨都一样。有些找不到太多对象可以认同的小我,只凭着抱怨便可以轻易地生存。当你被这种小我牢牢

第二篇 拥抱自己的内在世界

掌握的时候,抱怨,尤其是对他人的抱怨,就会成为一种习惯,当然,也是一种无意识的习惯。也就是说,你并不知道自己在做什么。为他人贴上负面的心理标签,无论是当着他们的面,或通常是在别人面前蜚短流长,或是仅仅在心里为他们贴上标签,都是抱怨行为模式的一部分。骂人就是这种贴标签和小我寻求理直气壮、凌驾于他人的行为当中最为粗俗的一种,"笨蛋、混蛋、婊子"——如此斩钉截铁的判定,让人无力辩驳。这个无意识行为尺度的下一个层次,就是叫嚣、痛骂,而紧接着则是暴力行为。

怨恨是伴随着抱怨和为人贴标签而来的情绪,它会为小我增添更多的能量。怨恨就是感到苦恼、愤慨、委屈或是受侵犯。你会因为他人的贪婪、不诚实、不正直、未能达成的事而心怀怨恨。小我最爱这一套了。你不但没有忽视他人的无意识,反而还把它变成了对他人身份的认同。

通常,怨恨都是伴随着抱怨而来的情绪,但它也可能带来另一股更强烈的情绪,例如怒气或是其他形式的苦恼。如此一来,它的能量负荷就会愈来愈高,抱怨就会变成较为激烈的反应。这是小我用来强化自己的另一种方法。很多人随时都在等待下一个情绪反应的产生,等待苦恼或是烦扰的事,而通常要不了多久他们就会如愿以偿。"这真是太过分了,"他们说,"你竟敢……""我最痛恨这种事了。"他们对苦恼和愤怒上了瘾,就像有些人对用药上瘾一样。经由对周遭事物的激烈反应,他们坚定并且强化了自我感。

> 生命的特点就是生发喜悦、创造价值、利益众生。

每一个事件、每一个人都是生命中的恩典。只要你我能够用心解读,巨大的伤痛背后就会隐藏着巨大的恩典。唯有快速觉醒,才能快速跳出自己生命中的轮回。

深深地感恩我内在的神通过这些事件来助我释放业力,让我进入实修,通过这些实修使我的意识层次得到了进一步的提升与转化。

感恩看到这篇文章的每一个生命,在生命修炼的路上让我们一起去经历生命,跳出轮回。

> 福气的来源:一是孝敬父母,二是恭敬圣贤,三是帮助弱势群体。

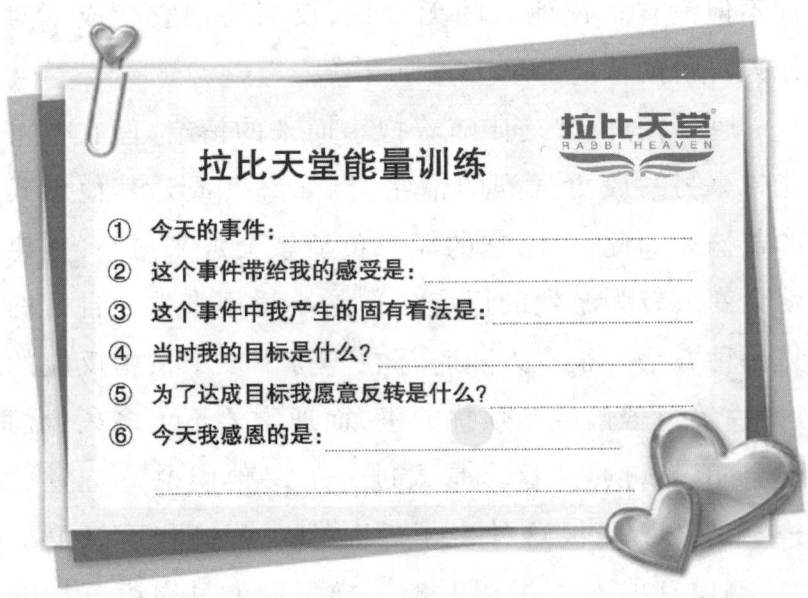

拉比天堂能量训练

① 今天的事件:
② 这个事件带给我的感受是:
③ 这个事件中我产生的固有看法是:
④ 当时我的目标是什么?
⑤ 为了达成目标我愿意反转是什么?
⑥ 今天我感恩的是:

第二篇 拥抱自己的内在世界

别控制，让念头温柔流过

今天有一名学员打电话给我，希望我能够支持她。她是一个企业老板，事业做得很成功，但是家庭却没能得到其想要的结果。她很迷茫，邀请我给她做一个疗愈个案。

我问她："你怎么了？"

她说："最近状态一直都不太好，有很多年了，头脑里边总是有两个念头在冲突、打架，一个说应该这样，一个说那样才对……我的头脑里总是会有两种冲突的内在对话。这种对话让我很痛苦，非常消耗我的能量。怎么办？"

她的问题其实是所有人都会面对的内在问题。我自己的生命在觉醒之前也是不断地纠结着，每天都和头脑里的念头在打架。我的生命在这个地方穿越过，所以我非常能够理解她的痛苦。念头是我们的头脑赖以生存的工具。头脑通过念头制造问题，同样也通过念头解决问题。为了能够让这个学员去了悟，我当下让她做了一个动作。

> 如果你爱万物，万物也必将爱你！

我说:"你把你的外套脱下来,然后把它揉成一团,把它揉得越紧越好。"

她按我说的照做了,我问她:"此刻,你看着这件衣服,有什么感受?"

她说:"内心揪的慌!"

我说:"现在你再把衣服平整地打开。"

她又如实照做了。

我问她:"此刻你的感受是什么?"

"此刻看着这件衣服舒服多了⋯⋯"

我说,这件衣服的袖子还是那个袖子、衣领还是那个衣领,你不去揉它,你的心就不会太纠结。我们的头脑也是一样的。

我们的头脑每天会有无数个念头闪现。

比如,如果你是老板,你的头脑里可能会出现:我到底该不该用这个员工?我到底该不该涨薪?我到底该不该开除他?我到底要不要答应他的条件?

如果你此刻是一个家庭主妇,每天的念头也许是:我这样教育孩子的模式对不对?我的老公此刻正在和谁在一起?我到底是以事业为主,还是以家庭为重?

如果此刻你是一个灵修之人,也许你正在困惑这个方法对不对?⋯⋯总之,此刻你不管是什么身份,每天在你的世界里,你都正在经历着无数的念头或者是念头之苦⋯⋯

我们的头脑会出现无数个念头,如果把其中一个放大了,那么我们的痛苦就产生了,持续放大的念头在外在的世界会出现一个事实,一个让你痛苦的结果。而要想改变这个轮回之苦,最有效的方式就是不要去认同它,也不要去评判否定它。当你去评判它的时候,就会被其牵引。

我曾经给一名客户举过一个非常形象的例子:假如你早晨正在锻炼身体,此刻在你面前刚好经过一个不认识的老人,如果你上去揪着他的衣领不放,那会是什么结果?这个老人肯定会和你理论,于是矛盾就开始了,冲突就会牵引全部的能量。这个老人家就是我们头脑中出现的念头。而假如老人家经过时,你只是看着他经过,让其温柔地经过,冲突自然就不会发生……

放开你的手,让念头轻轻流过你的大脑,不要评判,也不要认同。让它过去,你只需要站在岸边,看着河水轻轻从身边流过。这样,你的生命就不会被念头所控制,不会被念头所纠缠。活出对每一个念头的允许来,才是真正的了悟。

无论是什么念头,让它温柔地流过你的心吧!当你允许这个念头出现时,你的能量就不会被牵引。即使这个念头很可怕、很荒谬,那也只不过是个念头而已。活出"看只是看"的境界,允许念头轻轻流过,念头就会消失不见。

此刻,如果你的念头纷乱,或者有两个念头在互相

> 第二篇 拥抱自己的内在世界

> 一个人内心的感恩越多,幸福就越多,财富也就越多。

打架,就让自己做一个旁观者,静静地看着,让它们缓缓流过。看只是看,不评判。你的心,会慢慢地静下来……

真美是经而为一存份并定往
人生的不已好,因心保一好,坚和
正好它美是内直着美且着。

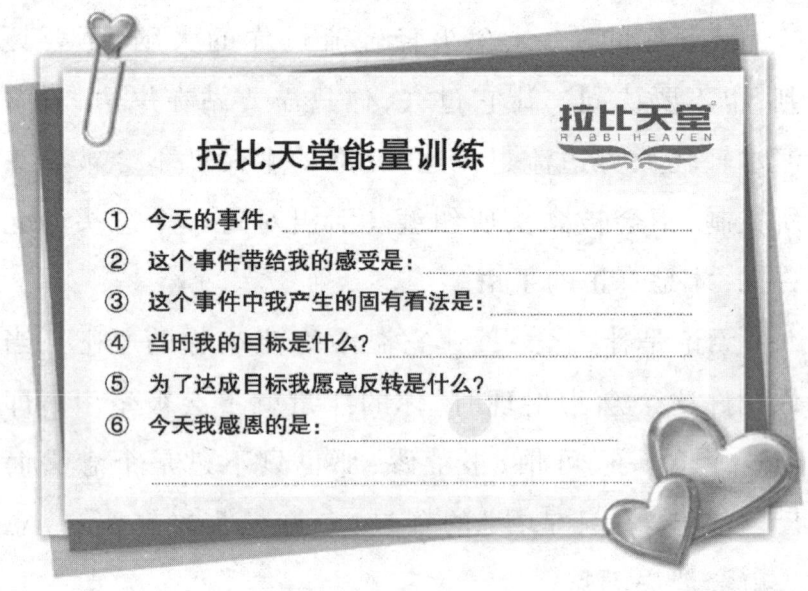

拉比天堂能量训练

① 今天的事件:
② 这个事件带给我的感受是:
③ 这个事件中我产生的固有看法是:
④ 当时我的目标是什么?
⑤ 为了达成目标我愿意反转是什么?
⑥ 今天我感恩的是:

你为什么达不成目标

在我的课堂上经常会有学员询问达成目标的秘密。在与他们分享的过程中,我的生命总是会有更深刻的感悟。一个人为什么达不成目标?首先,其能力没有任何关系,如果此刻你不认同我的观点,你的能量就已经被限制住了。因为有太多的人把自己达不成目标归结到能力上,当他达不成目标时,他会说:我的能力有限,人家有能力,我的条件没有他好,我的资源没有他多,我没有人帮助,现在是淡季,人家的产品比我们的质量好,人家的价格比我们便宜,等等。

当我听到这些抱怨和限制的时候,感到很崩溃。一个生命内在的能量全部都是这些限制,怎么可能达成目标呢!你为什么达不成目标,是因为你内在所有的限制——对梦想的限制,对能力的限制,对生活的限制,对自己生命的限制,对社会的限制,对宇宙的限制,对他人的限制……你的能量每天都活在限制里,怎么可能实现梦想!

我们都活在自己对自己的生命制约当中,不断通过外在的干扰来否定自己。我们的能量往往会被强大

> 只要把心灵打开,就能接收到智慧、接收到能量。

第二篇 拥抱自己的内在世界

的集体意识所牵引,这种牵引让我们的意识层次处于非常低的状态。生活中太多的人拥有才华、拥有聪明的头脑,可就是怀才不遇,为什么?

我作为一个能量导师,非常渴望每一个生命内在的能量都被彻底开启,非常渴望每一个生命都能够得到极致穿越,非常渴望每一个生命都能够硕果累累,所以我会去支持学员走进我们的能量课程。可是,当我去支持他们的时候,他们所有的限制却都出来了:太贵了!我现在很忙!我考虑一下!看看再说!看看别人上了课有没有效果!如果上了课没有效果怎么办?诸如此类,有无数个理由来限制自己。这边在限制自己,那边又在喊:我要实现梦想!我要成功反转!我要拥有一个不一样的人生……

一边加油,一边踩刹车,最后车是不会动的。学员是否继续参加我们的课程已经不再重要,重要的是其根本就没有觉察到自己的这些限制。更可笑的是,我用自己的成果告诉一个学员,能量的提升能够直接引发财富的反转,可他马上却说:"你是一个个案,一个奇迹,不具有代表性。"他的潜意识收到了一个限制:我是做不到的,我没有你的智慧,我不可能创造奇迹。一个生命的可悲之处就在于看不到这些限制,其实宇宙非常丰盛与富足,并且非常慷慨。可是你总是不相信,总是说,这也不可能,那也不可能,怎么可能实现梦想呢?

彻底解除你生命的所有限制,是你达成目标的唯一出路。让你的生命自由起来,只有生命自由了,创造力才能真正得到提升。彻底解除你生命的限制,这是你实现梦想的唯一法宝。我为什么能够一年走完10年的路,因为我内在的渴望,更是因为我没有限制自己的能量。在我的世界里,只要别人能够做到的,我也一定能,一切皆有可能。我的生命没有了限制,自然就接通了宇宙的能量,所以我心想事成的能力很强。

　　各位朋友,此刻我邀请你静下心来,好好地思索一下:现在制约自己成功的是哪些信念,是哪些生命程序?

　　如何才能突破?

> 地大则物博。心是生命的田地,心大则福厚。

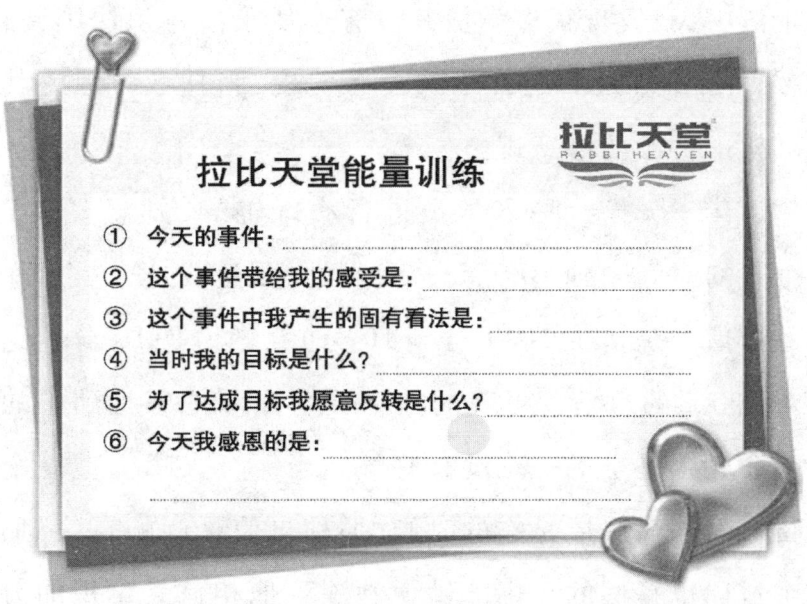

拉比天堂能量训练

① 今天的事件:
② 这个事件带给我的感受是:
③ 这个事件中我产生的固有看法是:
④ 当时我的目标是什么?
⑤ 为了达成目标我愿意反转是什么?
⑥ 今天我感恩的是:

你是否绑架了自己的潜意识

常做别人贵人的人，生命中就会常遇贵人。

上过我能量教练课程的学员都知道，潜意识的能量巨大，拥有比意识强大3万倍的能量。这么多年来，我在不断地开发我的潜意识为自己加持能量。我的很多梦想在潜意识的支持下都实现了。利用潜意识完成梦想，这是一个非常有效的成功智慧。同时，我也把潜意识的特性与运用法则告诉给了学员们。但是在实际生活中，我发现很多学员并没有遵从于潜意识法则，很多人给潜意识下的订单并没有实现，为什么？因为其绑架了自己的潜意识……

有一次我给一名学员进行教练辅导，她想要在3个月的时间赚到50万元。我问她，要达成这个目标你的自信度是多少（从1分到10分）？她说是10分。绝对100%的自信！可我的内在灵性深深地感觉到她的生命底层是空的——没有底气。当一个人嘴上喊一个目标而生命底层是空的时候，那种自信是假的自信，那个目标也是假的目标。她说她深深地相信潜意识的力量，这没有错，问题是她今年的财富数据一直都处于零的状态,她没有任何的能量累积财富,更没有一个足以支撑其实现财富的通路。自己突然觉得潜意识力量强大,于是就迫不及待地向潜意识下订单,她向潜意识下的订单和她当下的能量级别根本就不匹配。把一个和自己当下能量不匹配的订单下给自己的潜意识,这就叫潜意识绑架!当时我看她自信满满,非要不可,就没有告诉她潜意识的真相。结果证明,3个月过去了,其在财富数据上仍然没有建树。

前天晚上我给一名客户做教练辅导,他说要在一个月的时间赚到1000万元,而他现在的财富数据几乎为零。当你喊一个目标时,如果你的生命底层是100%的底气,你的腹部是充实而有力量的,那么就证明你的能量与目标是匹配的。我问他,当你说要1000万元的时候,你生命底层的底气如何?他说是空的,这又是潜意识绑架……

他调整了一个目标,要在一年拥有50万元的收入,这时他就很有底气了,他说得很坦然。这就说明潜意识收到了这个订单……潜意识帮他达成目标的可能性就会大大提升!

为了让他能够更容易理解什么是潜意识绑架,我给他举了一个例子,我说:如果你的儿子现在向你要一辆价值100万元的宝马车(他的儿子才4岁),他天天向你要,非要不可,你会不会给他买?他说:不会!为

> 有"道"方能到,有"德"才能得。

什么？因为儿子不会开，也不能开，还不到时候。我又问他：如果儿子现在天天向你要一台200元的玩具车，你会不会给他买？他说：当然会买。为什么？因为他的年龄和这个玩具车是匹配的，所以我就会给他；而100万的宝马车和他是不匹配的，所以我自然不会给他……而潜意识的运作原理亦是如此。

今天你是否绑架了自己的潜意识，当你向潜意识要一个与你当下能量不匹配的目标时，就是在绑架你的潜意识。如果给你的潜意识下一个和你当下能量相匹配的目标时，潜意识才能真正发挥作用。不信，今晚你给潜意识下一个订单，明天早上5点钟起床，看看潜意识是否能够帮你做到，达成率一定是100%，达不成我负责任！

潜意识识别感受、画面及音乐。当你对自己的梦想产生强大力量的感受，能够清晰地看到画面，你的潜意识就会开始运作。我们的潜意识和宇宙能量紧密相连，当潜意识开始运作时，宇宙能量也会跟着运作。潜意识发出的磁场振动就会吸引到宇宙空间彼此相同的振频，奇迹就会发生。

朋友们，尊重你的潜意识，遵循宇宙法则，你的任何成果都能实现，不要总是绑架你的潜意识，否则潜意识会很伤心的……

> 觉者活在生命的奥秘之中，不觉者则试图去理解生命是什么。

第二篇 拥抱自己的内在世界

> 视觉者视多为一，不觉者视一为多。

拉比天堂能量训练

① 今天的事件：
② 这个事件带给我的感受是：
③ 这个事件中我产生的固有看法是：
④ 当时我的目标是什么？
⑤ 为了达成目标我愿意反转是什么？
⑥ 今天我感恩的是：

为自己想要的结果负责

谁的生命谁负责,谁的生命谁做主。在目前的生活里,你是在活出自己,活出一个独立的人格,还是心存侥幸,总是把自己的生命依赖于他人,依赖老公或者妻子?每一个生命都想要更好的结果,想要更好的幸福,想要更好的财富,想要更好的梦想,但却不愿意为自己要的结果负责任,总希望天上掉馅饼。殊不知,天助自助者,宇宙只会帮有强烈意愿度的人。一个有意愿度的人,一个有意愿为自己的梦想负责任的人,才有可能感召到贵人来支持其梦想。

有位将军在打猎的时候,看到有一个男孩落了水。男孩一边拼命挣扎,一边高呼救命。这个河面并不宽,将军的手下马上要下去救。这时将军一摆手,然后顺势端起猎枪,对准落水者,大声喊道:"你赶紧爬上来,不然我就把你打死!"男孩抬头看到黑洞洞的枪口,不敢再迟疑,双手奋力划水,没几下居然自己游上岸来了。

人有时就是这样,当你把一切都寄托到别人身上时,自己慢慢地就会变成一个废人。其实,有很多事情自己都能做,有那个能力,或者有那个潜力,但是当他去依靠别人的时候,他的这些能力就消失了。

神经语言学 NLP 的一个核心原理,是说信念决定能力。如果一个人的信念是自己为自己想要的结果负责,那其能力很快就会提升上来。而如果一个人的信念是别人应该为自己想的结果负责,那其能力就会被限制住。

所以,不是能力的问题,而是信念的指针指错了方向。就像那个落水的男孩,当他认为救他的命是别人的责任时,他就失去了爬上岸的能力与动力。而当他决定自己为自己负责时,潜力瞬间就爆发了出来。

有时候我们总是抱怨别人,他应该做这个但是没做,应该做那个但也没做。其实,到底应该谁来负责很好判定,那就是看这个结果是谁想要的,如果是你想要的,就是你应该去做,而不是别人。

在我们现实的世界里,有的人毫不犹豫地为自己的生命负责,义无反顾地选择活出自己的生命,活出价值来。因为他清楚自己要什么,知道自己渴望的结果,所以有意愿为自己的结果负责任。因为他对自己的结果负责任,所以马上就会有贵人出现在他生命里。

还有一部分生命,有梦想,渴望自己的人生不一样,但是他不愿意去破除自己旧有的模式,不愿为自己的梦想负责,把所有的注意力都关注于障碍之上,只看障碍,不看目标……当动真格的时候,所有的借口就都来了,所有的怀疑就都来了……

第二篇 拥抱自己的内在世界

> 觉者自然地拥有美德,不觉者需要修炼美德。

正是因为这样,所以这个生命总是处于渴望得到,然后害怕做到,最后陷入纠结的轮回中而不能自拔。很多生命不断地经历着轮回之苦、妄想之痛,唯有发现真相,才能破除轮回。而破除轮回的前提是自己的梦想自己做主,自己的生命自己做主!

为自己想要的结果负责吧!为自己的生命负责吧,让目标和梦想去主宰自己的生命吧!

觉醒不是终点,而是一个永无止境的旅程。

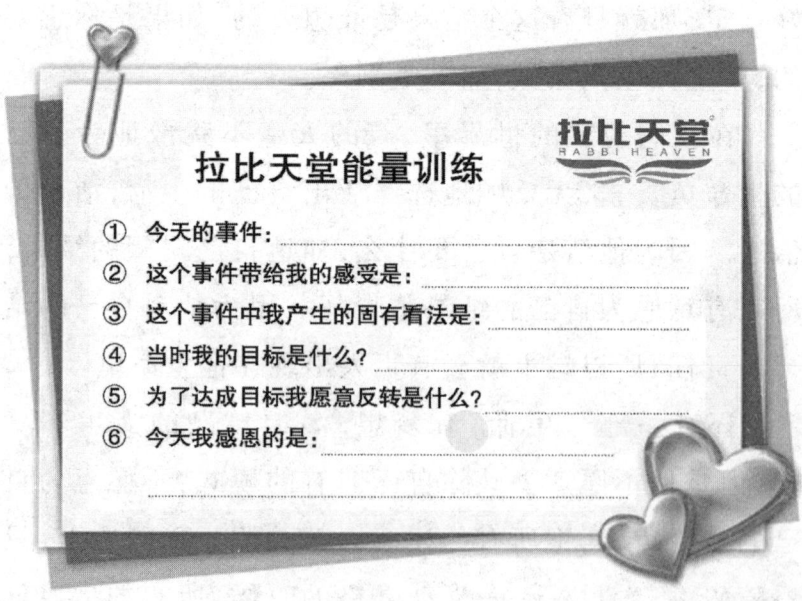

拉比天堂能量训练

① 今天的事件:
② 这个事件带给我的感受是:
③ 这个事件中我产生的固有看法是:
④ 当时我的目标是什么?
⑤ 为了达成目标我愿意反转是什么?
⑥ 今天我感恩的是:

承认自己才能真正拥有力量

今天你有没有去掩饰自己内心的脆弱？今天你有没有去否定自己的自私？你是否正在假装坚强、假装自信、假装宽容、假装无所谓？面对生活的压力，你是否正在假装轻松？面对自己的一无所有，你是否正在假装很富有？面对自己内心的委屈，你是否正在假装无所谓？面对失败所引发的伤痛，你是否正在假装笑容？面对自己已经犯下的错误，你是否正在用指责和借口掩饰？面对自己已经无法承受的挫折，你是否正在告诉自己：风雨中，这点痛算什么！

你的内在已经无奈了、已经自卑了、已经恐惧了、已经委屈了、已经自私了、已经计较了、已经虚伪了、已经固执了、已经麻木了、已经怨恨了、已经无力了、已经紧张了、已经狭隘了、已经无法承受了……可是你还在用各种办法来掩饰已经脆弱的内在，可是你还在用一个谎言去掩饰另一个谎言！

多少次，我们的生命都活在这种掩饰与假装当中，所以我们的生命早就失去了本源的力量！

> 第二篇 拥抱自己的内在世界
>
> "爱"是进入神之王国的钥匙。

> 觉醒的力量

> "感觉没用"是头脑由来已久的问题。

多少次,我们的心早已与自己分离,成了长着心的植物人。

多少次,我们成为别人却忘记了自己,用别人期待的眼神艰难地经历着生命。

多少次,我们走着走着,却困在原地,深陷沼泽而不能自拔,忘了我们该去向哪里。

多少次,我们活着却如同死去,成了真正的活死人。

多少次,我们爱着却好似分离,吃力地去爱着别人,只是为了有人爱自己。

多少次,我们笑着却满含泪滴,因为自己突然发现自己在为别人而活。

多少次,我们为了苦苦追求一个外在虚幻的世界,却迷失了真正的自己。我们已经不知道该去向何处,我们已经不清楚生命为何物。

多少次,我们带着假装的面具苟且偷生,不敢面对真正的自己、真实的自己,因为真实的自己和真正的自己早已被我们埋葬。我们已经用小我为其举行了葬礼。

我们存在于这个世界却始终不敢面对真实的自己,不敢面对自己内心那仅存的一点尊严!不敢承认自己的脆弱,不敢承认自己的自私,不敢承认自己的无奈,不敢承认自己的虚伪,不敢承认自己的自卑,不敢承认自己的伤痛,不敢承认自己的软弱,不敢承认自己的自负,不敢承认自己的错误,不敢承认自己已经失败。

戴着假装的面具拥有了荣耀,却感觉屈辱;戴着假装的面具拥有了狂喜,却备受痛楚;拥有了幸福,却心如刀绞;拥有了灿烂,却失魂落魄。

质问我们的灵魂,我们还要假装多久?我们是找个借口还是砸碎面具?我们是找个理由随波逐流,还是勇敢前行挣脱牢笼?我们是勇敢承认还是继续逃避……我们是选择真实地活着还是要拥有虚伪的坚强?

承认自己的真实才能真正拥有力量,面对自己内心的脆弱才能真正活出尊严!

逃避自己真实的内在,活在假装的面具里,这并不是我们的本意。

是因为:

当我们小时候第一次付出的时候,却被父母贴上了很傻的标签,于是我们开始成长着某种自私;

当我们第一次受委屈的时候,却被父母压制住了泪水,于是那滴泪水永远地留在了心里;

当我们第一次真诚的时候,却被别人深深地伤害,于是我们只能用虚伪来保护自己的真诚;

当我们第一次勇敢的时候,没有得到父母的赏赐,反而得到了父母的打击,于是自卑占据了我们生命所

第二篇 拥抱自己的内在世界

时间与空间仅仅是符号。

有的空间……

我们身上所有的模式,我们内在负面能量的产生全部来自于第一次的发生。

这不是我们的错!

如何拿回我们自己生命本源的力量?

唯有承认自己内在的脆弱,承认自己内在的真相!

唯有挣脱虚伪的绳索,才能看到真诚的力量!

唯有看到自己的自私,才能让爱重新回归!

唯有肯定自己的麻木,沉睡的心才能变得清醒!

唯有发现自己的自卑,自信才能死而复生!

唯有听到自己的恐惧,勇敢才能成为主宰!

唯有接纳自己的残缺,生命才能出现温柔的美丽!

唯有爱上真实的自己,迷失的灵魂才能得到丰厚的滋养!

唯有面对自己内在的抗拒,才能接纳整个世界!

这是我们与高我意识连接唯一的出路。

这是我们每一个生命从生到死,唯一共同的功课。

感恩每一个看到这篇文章的生命,感恩每一个尊贵的灵魂。

每个障碍都是机遇。

第二篇 拥抱自己的内在世界

> 阅读你自己而非书籍。

拉比天堂能量训练

① 今天的事件：
② 这个事件带给我的感受是：
③ 这个事件中我产生的固有看法是：
④ 当时我的目标是什么？
⑤ 为了达成目标我愿意反转是什么？
⑥ 今天我感恩的是：

世界上最可怕的人

> 你的孩子不仅继承了你所获得的,还应该继承你所是的。

如果我现在问你,世界上最可怕的人是什么人,你的答案会是什么?是骗子还是杀人犯,是小偷还是那些贪官,或者是披着羊皮的狼似的小人?

我相信每个人的答案都不一样。这些也许是我们公认的可怕的人,我都打过交道,后来当我觉醒后才发现,世间最可怕的人不是小人,也不是坏人,而是无明的人。什么是无明?讲得通俗一点就是无矢口、没有觉醒的人……

一个人不怕犯错误,可怕的是犯错误之后其并不认为那是错误。

一个人不怕迷路,怕的是迷路了自己还不知道。

一个人不怕付出代价,可怕的是他不承认自己付出的代价。

一个人不怕自私、不怕狭隘、不怕伤害别人、不怕忘恩负义,可怕的是当他处于这种状态的时候竟然不知道,或者不承认……

不知道意味着什么?意味着他会继续……

第二篇 拥抱自己的内在世界

世界上最可怕的人是无明的人！

一个企业里最可怕的是无明的人！

一个朋友圈里最可怕的是无明的人！

更可怕的是自己也是无明的人……

我有一名女学员，才结婚几个月就离了婚，原因是她不想看别人的脸色生活。她说，婚后先生就去上班了，算是高收入的主管阶级。她在家闲着无聊，偶尔去逛街购物刷卡，也不过几万元。她先生看了刷卡单，说要限制其额度，她一怒之下就把卡丢到了先生脸上，说自己要去上班赚钱，然后自己去办卡、去购物、去过自己的生活，再也不要看人家的脸色。

我问她先生一个月的薪水有多少？她很得意地说不多，大约只有几万元。

我听了她的回答，内心开始为她的人生感到遗憾。她显然是个无明的女人。

因为，从客观角度来看，她的先生不是个小气的坏蛋，而且也应该是个能包容的人。相对的，她的冲动、她的无明却葬送了自己的婚姻。尤其是当一个男人熬到了主管级，虽然赚的钱不算少，但工作的压力想必也很大，相信他也是怕老婆担心，才没有让她知道工作的辛苦。结果，她反而不知道惜福，还觉得十分不满足。

像她这种活在"无明"中的人，老实说，我们身边太多太多了。而你呢？

> 所有的学习都是放下已经学习过的。

> 如果你以爱来从事一切,那么无论遇到任何问题,你终将成功。

无知,人皆有之。只要你承认自己的无知,就不会危害到他人,唯有深深地觉察。老子说,知人者智,自知者明。所谓无明,是你没有觉察到自己是无知的,甚至相信自己是对的,听不进去别人的苦劝,而且还把自己的妄想付诸于行动,害人害己。

因此,无明的人是最可怕的。尤其这个人还是你的亲人或有共同利害关系的人。

缘分,全由无明的一方决定。

甲不喜欢吃鸡蛋,每次发了鸡蛋都给乙吃。刚开始乙很感谢,久而久之便习惯了。

习惯了,便理所当然了……

可是,直到有一天,甲将鸡蛋给了丙,乙就不爽了。

为此,两人大吵了一架,从此便绝了交。

乙忘记了这个鸡蛋本来就是甲的,甲想给谁都可以。

都是无明惹的祸!这样的例子数不胜数……

我以前有个同事,是经营健康食品的。

有一天,他来找我借钱,说周转上有急用。我为了减轻他的心理负担,就说干脆买他的健康食品来吃,让他有收入。

然而,他似乎以为我很有钱,每隔几天就抱着一堆新产品让我购买,我心想他可能又缺钱了,于是又向他买了一堆,同时向他暗示,我自己最近要还银行贷款,而且家里的健康食品也已经堆成了一座山,几年也吃不完,可以暂时不要进货了。

他笑着说他懂这个道理,我心想他应有自知之明,不会再来了。想不到,才隔了一个礼拜,他又抱着一堆什么国外最新进口的产品硬要我买下,而且为了感谢我的支持,除了再打折外,钱还可以先欠着,等我日后手头方便时再来向我收取。

我听罢,心里为他感到十分遗憾。我很清楚,这一次,我跟他的缘分真的是尽了。

我开门见山地告诉他,不应该把我的真心帮忙看成是冤大头!

他听了气得涨红着脸,胡言乱语地把我讽刺了一顿就走了。

从此,我们两人便再没有联络。

人与人,是否能做朋友,或是成为仇家,不是靠缘分,往往是由无明的一方决定的。

如果你在人际关系上也有和我同样的感慨与无奈,就先让自己保持觉知吧!或许,在某些人眼里,我们就是那个"无明的人"。

小人,就是"无明的人"。

孔子说:"唯女子与小人难养也,近之则不逊,远之则怨。"

我想,这里所说的小人就是指"无明的人"。这种

> 当一个人利用别人时,就会有执着产生。

人从没有觉知,不知道自己正在做什么傻事,如果你对他亲近,他就爬到你头上来,没有分寸与尊重;如果和他保持距离,他又会有怨气,怪你摆架子。

这类人,除了很难和他沟通外,还有一个麻烦,那就是他们很容易听信谗言,很容易是非不分,只要是别人挑拨或者是故意误导,他们就会被人牵着鼻子走。

这样的人如果只是朋友或外人,顶多敬而远之。然而,这种人很多是我们的亲人或身边的人——我们无法远离他们,更无法逼他们清醒。

面对他们的自欺欺人,不管我们如何退让与苦劝,他们也体会不到我们的用心良苦。我们唯一能做的,就是让他们自己去承担因果业力。然后,守在他们身边,找机会让他们觉醒。

面对你身边无明的朋友你只有两种选择:一是放弃,如果无法放弃就要通过努力让这个生命觉醒,进行深度的觉醒。

世界上最可怕的是无明的人,更加可怕的是我们自己就是无明的人。无论你我是哪一种,我们都应从现在做起,让自己成为一名觉醒者……

> 唯有心能够去爱,当它爱的时候,是没有缘由的。

第二篇 拥抱自己的内在世界

> 人的成功道路就是降妖除魔的过程。

拉比天堂能量训练

① 今天的事件：
② 这个事件带给我的感受是：
③ 这个事件中我产生的固有看法是：
④ 当时我的目标是什么？
⑤ 为了达成目标我愿意反转是什么？
⑥ 今天我感恩的是：

拒绝小我的阴谋

这几天窗外一直都下着春雨，我一个人待在房间里，内心充满着喜悦与深深的安全感。我特别喜欢下雨。一个生命不会无缘无故地讨厌或喜欢一件事情，凡事都有一个因。因为小时候我家里很穷，很小的时候就被母亲吆喝着下地干活儿——没有欢乐的童年，只有疲惫的劳动。只有下雨了，没有办法下地了，我才能好好休息、好好睡觉。于是，我的小我就开始对下雨产生认同，就给下雨贴上了一个标签——下雨等于安全感。于是每每下雨，我的小我就会特别高兴。

这就是小我产生并运作的过程与机制。从我们父母决定生下我们那一刻起，小我意识就开始形成了。然后发生了很多事情，我们的小我不断地被命名，不断地贴标签，不断地在我们的潜意识里留下记忆，每一个记忆的累加就形成了一个强大的小我。这个小我就开始控制着我的生命。我们的灵性与灵魂就在小我的控制中开始成长，也变得越来越强大。

我们每个人都背负着很多业力，而这些业力全部都是小我制造的。比如说，当别人帮了你，你会感恩。

第二篇 拥抱自己的内在世界

当这个人犯了错或有一次没有满足到你的需求,于是你的小我就开始攻击与背叛了,而这种攻击与背叛就会为自己的生命背上业力。比如,当你和朋友互动时,你的小我对别人的评判,对他人的挑剔、指责与抱怨也会为自己的生命背负业力。很多人只记得别人的仇而不记得别人的恩,那么背负的业力就会加倍。小我每一天都在制造业力,这种业力的形成会震动宇宙中相同的频率,会与集体意识形成共振,于是灾难就发生了……

写到这里,我的内心深处充满了忏悔,因为在无知无明的状态里我已经无意识地伤害了很多人。在我的生命没有觉醒之前,我的小我制造了太多伤害,小我会引发他人的诅咒而不是他人的祝福。如果一个生命不能得到他人的祝福,那么就得不到上天的帮助。深深地感恩宇宙能量能够及时让我了悟到这一切。

那么,如何才能看破小我的阴谋?

前几天,我在做饭的时候,手指不小心被划伤了,鲜血喷涌而出,我的小我马上就出来为这件事情命名、贴标签。小我贴的标签是:最近一定会有灾难。因为我的能量里面留存有这样的记忆,看着这个信念,我的内心深处瞬间便充满了深深的恐惧。而就在那一刻,我同时听到了内在的一个声音:这是小我最喜欢的把戏,不要去认同,也不要去否定,让这种念头轻轻流过,你的手只是流血了,与任何事情都无关……听到这个声音,我笑了,我突然揭穿了小我的把戏、摆脱了小我

> 人生是自我预言的实现,你从来都没有对自己的生命做过主。

的控制。那一刻，我的能量属于我自己，我没有种下业力。

我每天都在与我头脑中的小我玩着游戏，有时候被控制，有时候被尊重，有时候又和它在一起。当我觉醒了到业力的呈现，便会及时进行清理释放……

小我会用不同的方式让我们知道其存在。或求认同、或证明、或恐惧、或抗拒、或评判、或怨恨、或执着、或攻击、或愤怒、或挑剔、或痛苦……

当你的生命中出现这些状态时，你要带着深深的觉知去观察，如是地和它在一起，承认它、尊重它、让这种业力流经你的大脑，不再让自己掉入小我的陷阱。

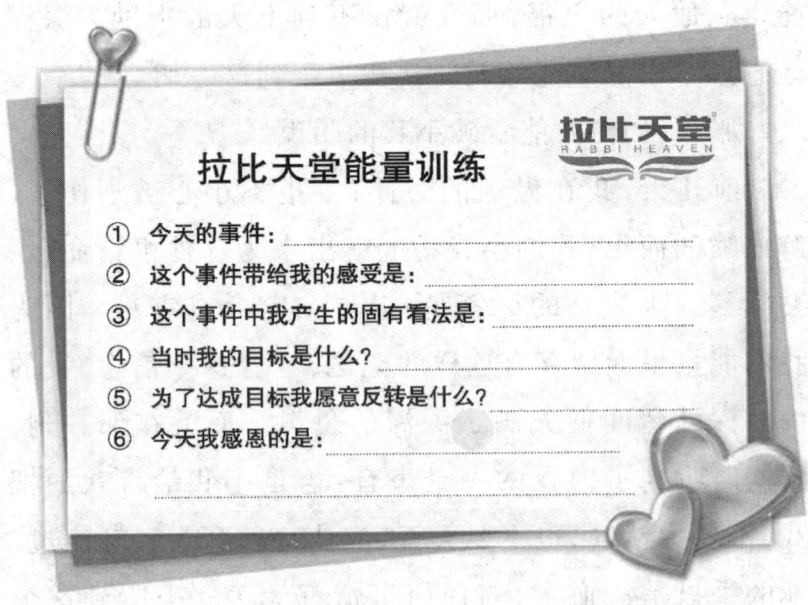

拉比天堂能量训练

① 今天的事件：
② 这个事件带给我的感受是：
③ 这个事件中我产生的固有看法是：
④ 当时我的目标是什么？
⑤ 为了达成目标我愿意反转是什么？
⑥ 今天我感恩的是：

> 迷糊是清醒的开始。

第二篇 拥抱自己的内在世界

从内在冲突中解脱

> 一个人最怕的不是迷路,而是根本就不知道自己迷路了。

当你开始看这篇文章的时候,我建议你先停下来总结一下自己当下的生活:在外在的世界里,你正在与谁、与什么事情发生着冲突?你正在与你的孩子、客户、员工,还是爱人,或是朋友、合作伙伴……不管发生了什么事情,总之是你的生命于外在世界里正在经历着冲突。而这种冲突不是今天才有的,现在有,过去有,未来也会有,每一次冲突的事情可能会不一样,但是冲突的性质却是完全一样的。这些冲突不仅我有,你有,全人类都有,这就是人类可怕的冲突轮回。

今天你到大街上或者是信息爆炸的各个领域,都会看到冲突事件的发生……

而一个真正的觉醒者,当冲突出现之后,他不会去处理外在世界的冲突,因为他明白此刻冲突的发生只不过是自己内在冲突的轮回。此刻的冲突和昨天的冲突没有什么两样。外在世界里事件的冲突只不过是自己内在冲突的一个呈现而已。所以,真正的觉醒者不

会把精力放到去解决问题上,而是深深地带着觉知进入到自己内在的生命中,去看到自己内在冲突的真相。看到真相,去疗愈自己内在冲突的部分,外在冲突的世界自然就会停止。

在我的生命里,每年都会经历一些大的冲突,而小冲突更是不断,每一次冲突都会耗费掉我的很多正能量、消耗掉我的很多心力。以前我并不知道自己已经进入到无法摆脱的冲突轮回,感恩多次的国外灵修之行让我了悟了这一切。所以,当我的生命中再次出现冲突时,我便开始进入到内在的冲突真相中,深深地进行觉察。唯有这样,我才能解脱。

从外在来看,冲突无非是与人的冲突,这个人不管是谁。

从内在看,冲突可能会变得精细与复杂,比如:头脑与内心的冲突,每一种人格的互相冲突,对与错的冲突,应该不应该的冲突,价值观的冲突,内在标准的冲突,内在规则的冲突,内在信念的冲突,等等。

我们的内在每一刻都在冲突,包括做梦。比如说,今天早晨起来,你的内在冲突就开始了,我是好好睡个懒觉还是去上班?我迟到了,我是交罚款还是不交罚款?在丰厚的利益面前,我是出卖朋友还是保护朋友?今天我是要好好大吃一顿,还是要减肥？我到底要不要给他道歉？我喜欢这件事情，可是我又害怕失败；我必须要见客户，可是我又害怕拒绝，万一我失败了该怎么办？万一他拒绝我该怎么办？他不认同我该怎么办？我到底要不要去参加那个课程？我到底要不要离婚或结婚？我到底要不要开除那名员工？我到底敢不敢用他与他合作？我到底要不要去修复我们的关系？我到底要不要回家看望我的父母？

每一天都是这些冲突把我们带入到痛苦的深渊中。我们的头脑制造了所有冲突，看到这里，你的第一反应是：我该怎么办啊？

要根源性解决问题，就必须明白冲突的形成原理，了悟内在冲突的起因。小时候我们有着最为纯洁的能量，我们的渴望活出自己生命的纯善之美，我们的灵魂渴望生命的本质，渴望慈悲，渴望自由，渴望真诚……但是这个社会不允许我们做自己，大的环境不支持。于是，我们开始被强大的集体意识所掌控，我们每一个生命遇到的第一个冲突就是本我与集体意识的冲突，这也是最大的冲突。

比如，小时候我们喜欢付出，我们信任他人，可是当我们活出这种生命时却受到了伤害，发现自己这一套行不通，无法在社会上生存。就这样，我们内在本我的认知开始与集体意识中的规则、标准、制约、价值观

第二篇 拥抱自己的内在世界

人生就是一个实现梦想的旅程，而要实现梦想就必须内外合一。

相冲突……

　　这个社会不允许我们做自己。同样的,我们也不能接受父母、朋友、兄弟做自己。这种模式造成了我们在人际关系上的冲突。所以,这个社会的标准、学校、道德范畴让我们的人格基本上形成了。比如"成为一个好学生就是孝敬""要做一个乐于奉献的人""要学会宽恕他人""要善于吃亏,吃亏是福",这些教育让我们学会了什么样的人格是被欢迎的,在这种环境里我们学会了应该与不应该。当然,我不是说这些不对,我们要到生命的本源中看真相。此刻我的内在又陷入了冲突……

　　我们从小形成的固有人格、固有形象、固有信念就是我们内在冲突的根源。

　　那么,如何才能了悟内在的冲突呢?

　　第一步,就是要觉知到自己的内在冲突。

　　第二步,要快速区分是在哪个领域冲突了,是固有人格,还是固有形象,还是固有信念?只有这三个范畴。

　　第三步,如是地和冲突在一起,允许冲突的存在,不认同也不打击。

　　第四步,让冲突喜悦地流经你的生命,冲突自然就消失了。

　　感恩我内在的灵性力量,让我可以了悟这一切,了

> 执着不需。来自喜恶。它往往涉及到你的安全感。

悟我的生命,经验我的生命,我内在的合一必然会带来一个合一的世界。当我们内在的冲突消亡了,外在的冲突就成了无根之木。

第二篇 拥抱自己的内在世界

> 觉醒者聆听,未觉醒者反应。

拉比天堂能量训练

① 今天的事件:
② 这个事件带给我的感受是:
③ 这个事件中我产生的固有看法是:
④ 当时我的目标是什么?
⑤ 为了达成目标我愿意反转是什么?
⑥ 今天我感恩的是:

最好的自己，才能遇到最好的别人

> 心的绽放是灵性之路的标志性里程碑。

曾经多少次，我们渴望能够拥有一个可以担当、负责任、爱自己的老公；

曾经多少次，我们渴望拥有一个善解人意的妻子；

曾经多少次，我们渴望拥有一个能够理解上司的下属；

曾经多少次，我们渴望得到家人的理解；

曾经多少次，我们渴望团队里的每一名队员都能活出尽心制胜；

曾经多少次，我们渴望朋友能够懂自己；

曾经多少次，我们渴望每一名员工都能够听话照做，活出军人的执行力；

曾经多少次，我们渴望团队里的伙伴能够活出团队的精神；

曾经多少次，我们渴望合作伙伴能够与自己同甘共苦；

曾经多少次，我们渴望身边的朋友能够理解与包容；

曾经多少次，我们渴望能够获得他人的嘉许与

第二篇 拥抱自己的内在世界

> 调整关系是觉醒之路中关键的一步。

欣赏；

曾经多少次，我们渴望别人不再挑剔自己，否定自己，能够对自己的过错深深地宽恕；

曾经多少次，我们渴望得到高人的引领与陪伴……

每一个生命的内在都拥有着无限的渴望，渴望一个美丽的世界、一个富足的人生……

当我们在渴望的时候，我们有没有问过自己，我们是这样的人吗？是一个包容、担当、负责的人吗？是一个能够理解上司，能够宽恕他人的人吗？是一个不计较的人吗？是那个拥有团队精神的队员吗？是那个听话照做的下属吗？如果你不是，那怎么可能吸引到别人是呢？

最好的自己才能吸引到最好的别人……

这个无限浩瀚的空间里有无数个频道，每一个频道都对应着一个内容、对应着一个结果。我们让自己的内在世界活在什么样的频道里，在外在的世界就会看到相匹配的内容。

一个计较的内在就会看到无数个计较的人出现在我们生命里；一个算计的内在就会看到无数个算计自己的人；一个内在愤怒仇恨的人必然会看到外在的伤害与灾难；一个到处说他人坏话的人一定会得到无数的坏话。一个人不会无缘无故地出现灾难，一定是内在无比的负面与阴暗。

一个内在积极正向使然的人一定会遇到积极正向的员工与朋友；一个内在绝对感恩的人一定会得到无

数生命的祝福,会遇到贵人的力挺;一个理解上司的人一定会遇到理解自己的下属……

宇宙法则中有一个法则叫作匹配法则,万事万物皆相互匹配而生。外在的世界不管我们是否喜欢,全部都是我们内在的呈现与真实写照。

唯有最好的自己才能遇到最好的别人,才能遇到最好的事情;而最坏的自己只会遇到最坏的别人,只会遇到最坏的事情。

有一名学员曾向我抱怨说客户欠了他一笔货款,要不回来,问我怎么办?我问他:你以前有没有欠过别人的货款?他沉默了一会儿说:有几次。自己是违反承诺的人,怎么可能遇到守承诺的客户?我们很多人总喜欢别人遵守承诺,可是自己却经常会违反承诺。很多人经常抱怨没有人对自己付出,可是自己却不经常付出。

我们内在的能量决定了身边发生的一切。没有意外,宇宙中的万事万物都有能量,都有不同的能量等级与水平。很多高人,很多著作与音乐我们接触不到是我们内在的能量等级和外在的那个"物"不匹配。所以,唯有提升我们的能量等级才能看到不一样的世界,才能看到不一样的内容,才能进入到一个不一样的频道。

要想遇到贵人与高人,要想遇到更多的财富,遇到更棒的团队、更棒的企业、更棒的场域,唯有让自己变得更棒!

> 祈祷是人类通往宇宙意识的努力。

我们看到的外在世界全都是内在世界的写照与呈现,所有的外在世界都是虚幻的,唯有内在的无形世界才是永恒不变的……

　　感恩我内在的灵命不断地成长成熟,能够不断地得到宇宙的能量指引;感恩我内在的高我意识能够不断地让我看到宇宙法则,宇宙的真相;看到生命的实相,宇宙的实相。人生的旅程就是不断修炼的过程……

　　生命修炼的旅程就是认识宇宙能量与高我意识,以及和自己内在的高我意识不断连接的过程。

　　打开你与万事万物的连接开关吧,宇宙中所有的意识都会与你同在。

> 你从外在看到的只不过是你和自己关系的投射。

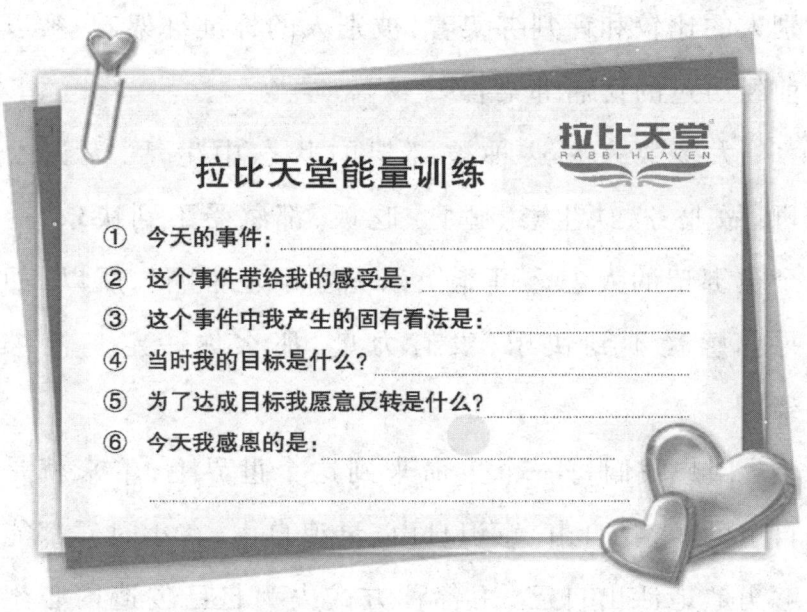

拉比天堂能量训练

① 今天的事件:
② 这个事件带给我的感受是:
③ 这个事件中我产生的固有看法是:
④ 当时我的目标是什么?
⑤ 为了达成目标我愿意反转是什么?
⑥ 今天我感恩的是:

活出真实的自己

曾经有一个故事在我内心留下了深刻印象,故事的情节我用一句话描述就是:很多年以前,一个牧童因为摆脱了所有人的限制而成功拯救了一个国家。

连接到我们每一个人的生命,其实每天都是处于被绑架的状态被别人的期望绑架着,被别人的看法绑架着,被别人的意见绑架着,被别人的要求绑架着,被别人的比较和评判绑架着,被别人的标准绑架着,被以前经历过的伤痛绑架着……

大多数人在这种被绑架的状态中生活,无论上班、做业务、谈生意、睡觉、吃饭,都感受不到快乐,一个被绑架的人怎么可能快乐呢?不正常啊!所以,如果你感受不到快乐,没有力量,那么你一定是被绑架了。

回想我们每一个生命来到这个世界上,本来就是自由的:人身自由、意识自由、灵魂自由,在小时候都能够勇敢地活出自己,用各种方式去为自己创造内心想要的世界。

第二篇 拥抱自己的内在世界

记得有一次,我的一名学员把自己三岁的孩子带到会场,孩子当场就在会议室的地毯上撒了尿。这不重要,重要的是,那一刻他自豪地告诉我:叔叔,我撒尿了!当时他的那份自信与洒脱让我很羡慕,不用在意别人的眼光,不用怕做错了,不用担心别人不和自己玩了。那一刻,我感受到他的灵魂是如此自由,生命是如此勇敢真实;那一刻,孩子活出了真实勇敢的自己,那一刻他成了这个世界最大的主宰……

可是一个自由的生命,一个自由的灵魂开始随着年龄和环境的改变而被绑架,被老师、父母、朋友所绑架……当然,这些绑架在那一刻也是必然的,因为我们需要去认识与了解这个世界的运转规律,了解在这个社会生存的基本法则以及宇宙法则。

当我们了解完这些宇宙法则之后,应重新回归到自己最原始的生命状态,回到最纯净的灵魂,能够每一刻聆听自己的声音,触摸自己的感觉,活出真实勇敢的自己。然而,大多数生命都没有从被绑架的轮回里走出来,走出来的都成了世界级领袖。比如耶稣,比如释迦牟尼,比如华盛顿……

只有解除自己内在的限制、破除所有绑架自己的绳索,你的灵魂才能够真正自由,你我才能真正活出真实勇敢的自己来。而那一刻,你我就是世界的

> 学习就是自我解嘲的能力。

领袖!

而如何活出真实勇敢的自己,如何不被世人的眼光所绑架?这也是我们一生都要穿越与修炼的课题。

每当有抗拒时,智慧就失效了。

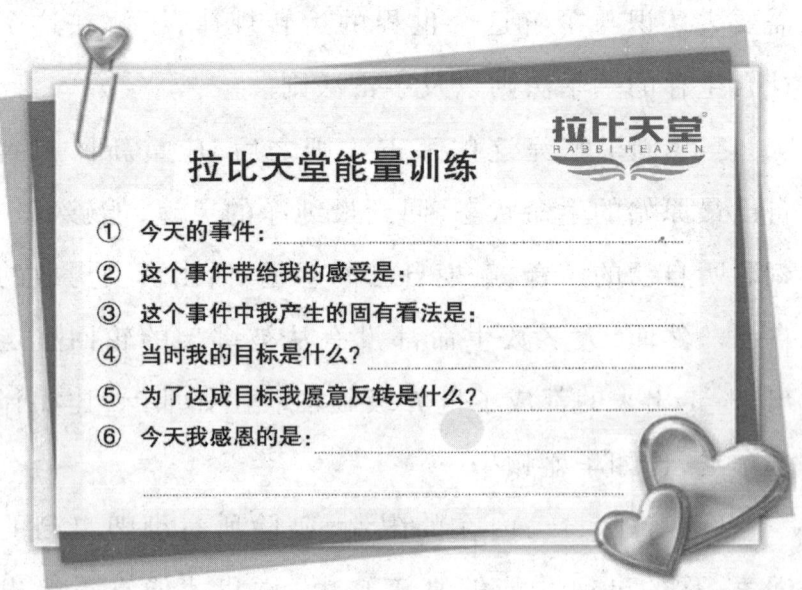

拉比天堂能量训练

① 今天的事件:
② 这个事件带给我的感受是:
③ 这个事件中我产生的固有看法是:
④ 当时我的目标是什么?
⑤ 为了达成目标我愿意反转是什么?
⑥ 今天我感恩的是:

病痛是高我意识被开启的先兆

各位朋友,此刻你是不是正在忍受着病痛?也许是重感冒,也许是高血压,也许是糖尿病,也许是头疼,也许是风湿病,也许是心绞痛,也许是胃病,总之,你的身上正带着病痛。一个人为什么会有病?是吃坏了什么东西,还是不良的生活习惯引起、生活的压力所致?是现在糟糕的雾霾天气引起的,还是家族的遗传?也许你能够找到无数个让你产生病痛的根源,如果我们在这些层面去解决病痛,也许我们永远都无法拥有健康的身体,因为这些不是病痛的真相。

一个人为什么会生病?其实全部都是由我们的小我意识引起的,简单来讲就是我们的头脑意识创造了我们所有的疾病。每天,我们的头脑意识都会产生无数个负面能量信念,这些负面的信念会让我们的内在产生无数次的恐惧、紧张、焦虑、自责与内疚等负面情绪。在这个负面情绪的产生之处,健康的细胞就会被损坏,而当健康的细胞被损坏的时候就有疾病出现了。

我们都知道不良的情绪会伤害身体健康,但就算

> 生命是一面映照你所作所为的镜子。

如果每一个人都跟随着宇宙意识,地球上将不存在问题。

是正面的情绪也会伤害到健康!如果情绪变化过度,则会造成五脏的损伤。不良情绪致病,中医称之为"七情内伤",西医称之为"身心疾病"。中医认为:频繁持续而过度的情绪变化,会影响脏腑的生理功能。中医所说的七情是指喜、怒、忧、思、悲、恐、惊。《黄帝内经》就明确指出说:"怒则气上,喜则气缓,悲则气消,恐则气下,惊则气乱,思则气结。"

所以,是什么决定了我们的情绪?是我们每一刻头脑意识里出现的负面念头。负面念头的出现,导致了负面的情绪出现,而负面情绪又会伤害我们自身的细胞,于是不同的疾病便产生了。所有的疾病其实全部都是细胞病,我们现在的专家把简单的东西搞得太复杂了。

我曾看过一则新闻,说西方一个国家的医生大罢工,结果据殡仪馆统计,发现死亡率下降了50%。如此巨大的数字,令很多人迷惑不解。但其实很简单,现在的医生很多医德不够,当他看不好这个病时,就会对病人说:没救了。当病人听到这个结果时使他相信了,于是升起了"我不行了"的负面念头,这个念头开始引发极度恐惧的情绪,于是生命就在这种负能量里死掉了。这样的故事太多了,我不再为您一一赘述。

所以,要想拥有一个健康的身体,从本质上来说是要改变你头脑意识中升起的念头。当你的身体出现病痛时,实际上是你所有内在负面信念和负面情绪的呈现。当这些东西出现时,就说明你的内在系统需要整合、更新了，你的能量也需要升级了。

而当你能够看到这个真相，并破除这些负面信念时，你的高我意识就会被有效地开启。阻碍高我意识开启的就是这些负面信念。当我们的病痛出现时，赶快感恩吧，只要我们能够建立起新的正面的信念系统，身体的病痛就会自然消失，高我意识会被自然开启。高我意识开启后，你的财富，你生命中所有的成果将会扑面而来。

假如你此刻正在经历病痛，那么赶快感恩吧，这是高我意识开启的先兆。

各位朋友，祝你们身体健康。

> 当我们对于现实的体验变了时，就会发现生活与爱的新方式。

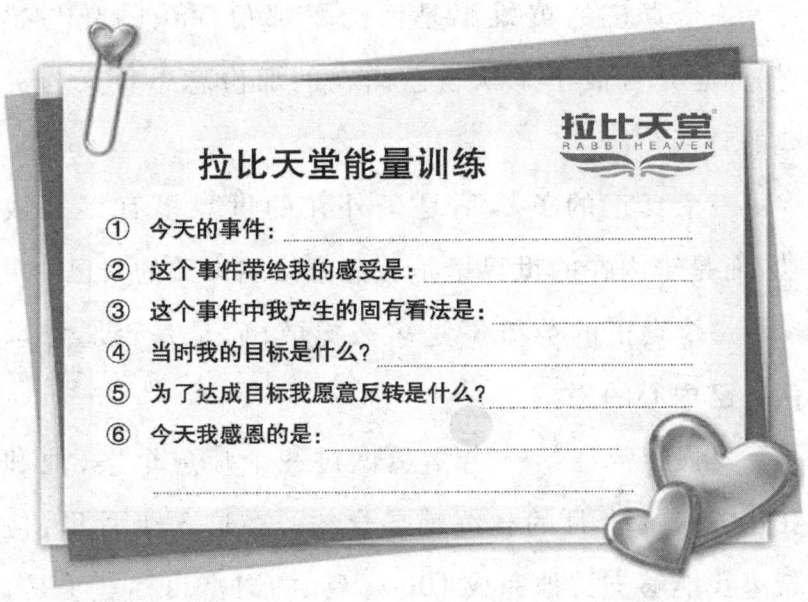

拉比天堂能量训练

① 今天的事件：
② 这个事件带给我的感受是：
③ 这个事件中我产生的固有看法是：
④ 当时我的目标是什么？
⑤ 为了达成目标我愿意反转是什么？
⑥ 今天我感恩的是：

你是真英雄吗

你是英雄吗？

一个真正的英雄不是于外在世界里为世人贡献了多少爱心，而是当他没有贡献的时候，其是否敢于承认自己内在的自私与冷漠。一个真正的英雄不是于外在的世界活出了见义勇为，而是当这个人没有活出见义勇为的时候，他是否敢于承认自己内在的胆小与懦弱。

一个真正的英雄不是活出了那份深深的爱与感恩，而是是否敢于承认自己内在的那份忘恩负义与灵魂的背叛。

一个真正的英雄不是于外在的世界里有多么成功，而是于内在的世界里是否愿意接纳失败的自己。

一个真正的英雄不是多么勇敢，而是是否愿意承认自己内心的恐惧。

我去年曾经给一名学员做过一个疗愈个案，他和我达成了3个月的教练辅导合约。在这3个月里，他希望我能够支持他完成1000万元的财富目标。于是，我们的教练关系就开始了。

> 所有问题的根源都是情绪上的阻塞。

我问他:假如这3个月里你达成了目标会怎样?他说:肯定很喜悦,有成就感。

我问他:假如你3个月达不成又该怎么办?他马上回答:不可能达不成……

我又问:那万一达不成怎么办?他坚定地说:一定能达成!

此刻,如果你是教练,你听到了什么,又感受到了什么呢?

那一刻,我能够深深地感受到他对达不成目标的焦虑与恐惧,他的能量是紧绷的。他的内在已经开始抗拒那个"失败的自己"了——他的内在完全不能够接纳那个"失败的自己"。他用他的头脑试图逃避那个可能失败的自己,他没有活出自己的内在英雄。而此刻他只有活出承认自己内在的恐惧和可能失败的自己,才能够真正拿回能量来。

承认是进步的开始。

诚实地面对,承认自己内在的真实状态,就是活出了自己内在的英雄。

有一次,一个小伙子要参加全公司的演讲比赛,他非常渴望自己能够获得比赛的第一名。他的压力很大,所以他希望得到我的支持与教练。

我让他当面讲了一遍,看仔细并观察他的状态。显然,他非常紧张,他太渴望讲好了……讲完之后,显

> 第二篇 拥抱自己的内在世界

> 实现心愿的速度取决于关系,当一个人的关系理顺了之后,得到恩典会变得非常容易。

每一个人无论身在何处,都对自己生活的世界负有责任。

然他也感受到自己讲得不够好,状态也不好,于是他就更紧张了,很不安地等待我的评价。

我平静地告诉他:你完了,你是不能够获胜的,没有任何可能。你看,你又紧张,又害怕,又太在乎别人的看法,我觉得你的演讲已经输了!我要是你,我就不去了……我说,你觉得呢?他说:我也觉得是这样……

那一刻,他的脸已经通红,精神瞬间便被我摧毁了……

一个人为什么会紧张、恐惧?显然是不敢承认自己内在对于失败的恐惧,不能够允许那个失败的自己出现。因为不能够面对内在真实的自己,所以这种能量才完全牵引了我们的能量……

我问他,假如真的失败了,你能够接受那个"失败的自己"吗?他犹豫了一下,回答道:我愿意接受"失败的自己"。他回答完之后,我完全已经感受到了他能量的放松。我说:既然你已不怕失败,那么我们可以换一种"玩"法,来"玩"这个演讲。他已经接受了最坏的自己,带着这种心态,他的能量已经完全属于自己了。后来他参加完比赛,告诉我,他得了第二名,这个结果已经非常优秀了。

我教练辅导他的策略很简单,就是让他放下"头脑为他制造的患得患失的评判"。完全能够允许自己内在的恐惧,允许自己的"失败"。当他完全活出内在的

第二篇 拥抱自己的内在世界

英雄时,外在世界的一切都会改变!

我们每个人都希望在世人面前活出完美,都希望得到他人的优秀评价,都希望活出优秀的品格,因为这样,我们才会努力地掩饰自己"内在的阴暗状态"。这种状态可能是自私、胆小、懦弱、狭隘、无奈、恐惧、计较、愤怒、无助……

当你能够允许自己愤怒的时候,你才能真正变得平静。

当你允许自己可以痛苦的时候,你才能真正变得平和。

当你允许自己失败的时候,你才能真正活出力量。

当你能够允许自己自私的时候,你才能真正活出胸怀。

当你能够允许自己内在的懦弱的时候,你才能真正活出勇敢。

当你允许自己脆弱的时候,你才能真正变得坚强。

当你承认自己内在计较的时候,你才能真正活出包容。

当你承认自己的缺点时,你才能真正活出完美。

当你允许自己什么都不是的时候,于外在的世界,你才能成为这个世界的真心英雄!

承认内在的真实,允许自己内在的真实,就是活出

> 生命总是会还给你你所给予的。

了你内在的真心英雄……

各位，从今天开始，去做一个英雄，做一个自己的英雄吧……

你不是那个行动者，而是观看这一切的见证者。

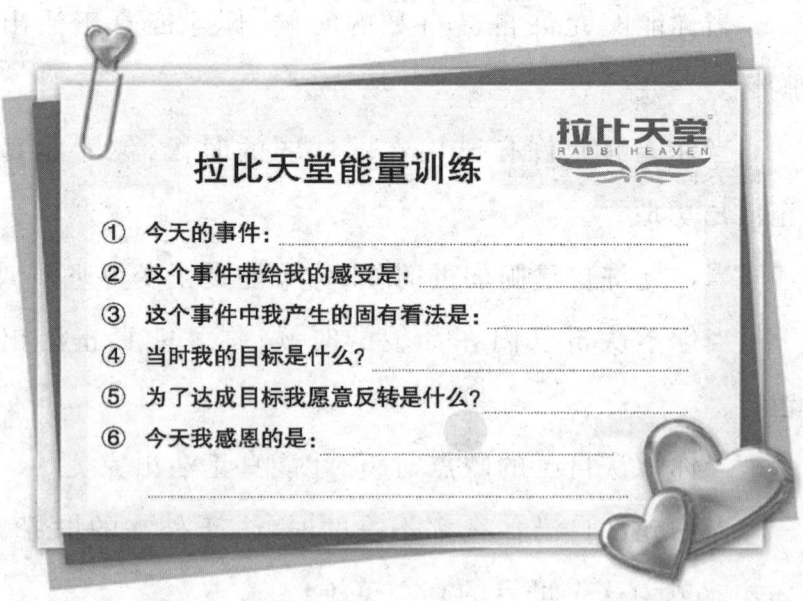

拉比天堂能量训练

① 今天的事件：
② 这个事件带给我的感受是：
③ 这个事件中我产生的固有看法是：
④ 当时我的目标是什么？
⑤ 为了达成目标我愿意反转是什么？
⑥ 今天我感恩的是：

活出赢的感觉

感恩我们的国家足球队在亚洲杯上活出中国人的精神及风采，我的内心充满了无比的喜悦与感动。中国的足球终于创造了历史，为国人创造了希望。我在思索：为什么人们对赢和荣誉那么在乎与渴望，所有的人都在追求卓越、追求赢的结果与感觉。我突然发现，是每个人对赢的渴望主宰了这个世界。为了赢，所有的生命都在奋不顾身，也正是人们对赢的渴望才不断地更新着这个世界，推动着这个世界不断地进步。无数的生命都渴望赢得自己的目标，赢得自己的梦想，赢得自己的使命，赢得更高的荣誉。

为什么宇宙能量在每一个生命的底层都安装了这么一个生命动力系统？从宇宙能量的角度来看世界，从宇宙能量的角度去感知，我找到了答案。

其实，宇宙能量创造了这个世界，其本意是让所有人都快乐，让所有的人都成长。就像父母创造了孩子，渴望每一个孩子快乐与成长一样，这是宇宙能量对自己创造生命的热爱。所以，宇宙能量在每个生命的底层都安装了"赢"的生命动力系统，让每个生命在赢的

第二篇 拥抱自己的内在世界

> 生命是事件之流，有些事件是痛苦的，而有些则是愉悦的。

> 生命应该是活出它本来的样子，而不是我们想要的样子。

状态中享受快乐，在赢的状态中享受成长，在赢的状态中不断地更新并创造这个世界，去提升意识层次，这是宇宙能量经营宇宙万物和人类的智慧。感恩宇宙能量在我们每一个生命的底层都安装了这样一个动力系统。

宇宙能量希望每个人都能够带着爱去获得赢的感觉，希望每个人在感恩中创造伟大的成就，希望每个人能够带着改变世界的生命目的去赢。此刻我深深感受到了宇宙能量的伟大，感受到了宇宙能量的智慧。

感恩这次国家足球队让我们体验到了赢的感觉，让我们体验到了喜悦的能量。每一个企业团队都应该有一个能够创造伟大成就的教练团队，而我们每个人都将成为一个自由卓越的能量教练。

生命的存在是为了让我们能够享受到自由与尊贵，而自由与尊贵则需要我们有赢的意识。赢的结果不是目的，最重要的是在赢的过程中我们活出了生命自由的流动，活出了生命尊贵的价值，更加享受了生命，用赢与成就滋养着我们的灵魂。

然而，在我们追求赢的路途上会有太多的干扰和业力、太多的妖魔鬼怪，会有太多的制约与牵绊。宇宙能量安排了这一切也许就是为了让我们开始觉醒，开始认识宇宙能量，开始与宇宙能量进行连接，从而踏上修行之路。

所以，凡事我们一定要去追求卓越，去赢得结果，用结果去验证宇宙能量的恩典与神奇，更要活出宇宙法则来。

　　让自己开始踏上觉醒的旅途吧，唯有觉醒才能体验生命的富足与丰盛。

> 当一个人专注并且找到他的目标时，恩典会自动地流经他。

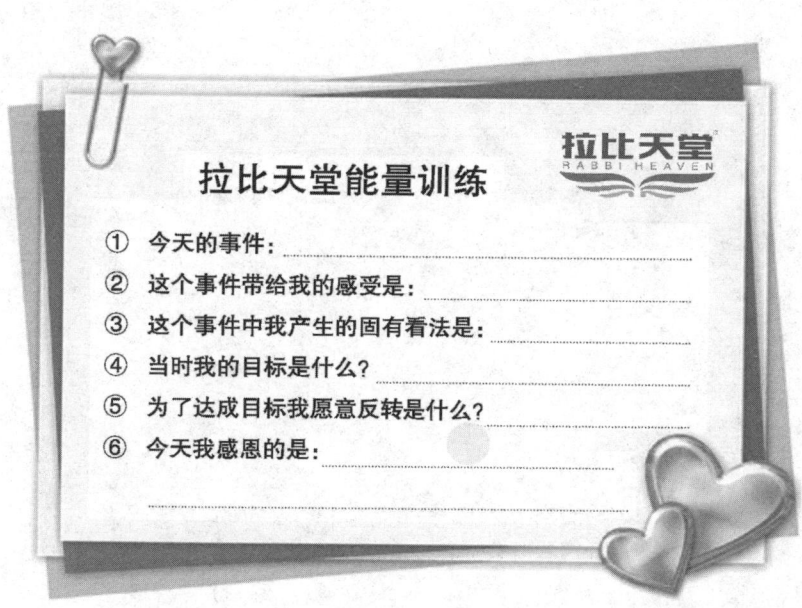

拉比天堂能量训练

① 今天的事件：
② 这个事件带给我的感受是：
③ 这个事件中我产生的固有看法是：
④ 当时我的目标是什么？
⑤ 为了达成目标我愿意反转是什么？
⑥ 今天我感恩的是：

第三篇

实现生命的丰盛

让你的生命拥有弹性

有一次给我的客户做完教练约谈,我的触动很大。这个客户是一家十几亿产值的上市公司副总裁,我给他教练了近一个月,他的能量一直都谦卑稳定,按照我的教练计划在层层推进。可是昨晚他的能量状态却严重反复,表现得极其烦躁与悲伤。我很清楚地知道这是他身上负能量的反扑,他无法接受这种能量状态,更不能接受一个这样反复无常的自己。

我自己在提升能量的过程中也经常会出现这种反复。很多时候,当我们出现这种状态时,我们的内心会自责与内疚,或者会无条件打压控制出现的这种负能量。其实,这样做的时候不仅不能清理负能量,反而会激发负能量更大的反扑,这样的话我们的能量就会走向另一个极端,我们的生命就会彻底失去弹性,失去自由,也失去了生命自然的流动。生命的真相是我们的能量每天都在两极之间游荡。面对能量的反弹,我们要深深地感恩及允许。接受自己生命当

> 伤害就像电脑中的病毒,会破坏你的关系。

第二篇 实现生命的丰盛

下的流动,接受自己当下的呈现,接受自己才能够爱自己。一个鲜活的生命要学会成功,也要学会失败;要学会喜悦,也要学会悲伤;要学会淡定,也要学会愤怒;要学会力量,也要学会懦弱;要学会高潮,也要学会低谷;要学会勇敢,也要学会恐惧。只有这样,一个生命才能够真正具有弹性,一个具有弹性的生命才是自由的,才能创造伟大的成就。而不是当自己的生命状态出现了自己不想要的结果时,去打压、逃避、受伤害,这本身就是对生命的不尊重……带着感恩的心去觉知就好。

　　生命的全部就是关系与觉知。不管出现什么样的能量状态,去觉知就好,要允许自己的生命拥有无限的弹性,这样我们才能够真正驾驭自己的能量。不要试图把自己修炼成神仙,这个世界从来就没有神仙,以前没有,现在没有,以后也不会有。这个世界唯一拥有的是不变的宇宙法则与生命法则。让自己活在宇宙法则和生命法则中才能真正创造伟大的成果。各位朋友,今天你愤怒了吗,你有负能量了吗?接纳它们,爱它们,它们的到来是指引你并为你纠偏的。接纳它们,你的能量就会属于自己,接纳他们,宇宙的恩典就会自然发生,财富就会自然丰盛!各位朋友,让自己的生命开始弹性起来吧,生命会很精彩。

> 没人在编写你的命运。是你自己在编写你的命运。

你的生命是值得的!

你的生命是尊贵的!

你的生命更是独一无二的!

> 人类存在的目的在于发现无条件的爱。

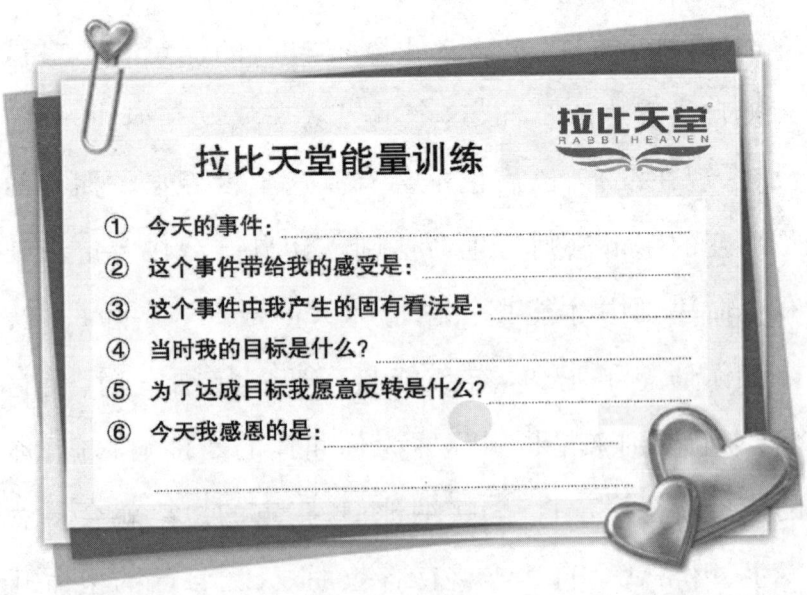

拉比天堂能量训练

① 今天的事件:
② 这个事件带给我的感受是:
③ 这个事件中我产生的固有看法是:
④ 当时我的目标是什么?
⑤ 为了达成目标我愿意反转是什么?
⑥ 今天我感恩的是:

爱,不是改变对方,而是一起成长

做了10年课程导师,培训了无数学员,让我感触最深的是每个人都希望别人做出改变,而不是自己改变。很多学员上完我的课堂之后,下一次都会把自己的老公或者老婆感召到我的课程上进行改变与成长。

然而,过了一段时间之后,有的学员见到我后会讲:我的爱人变化不大!我告诉他,不是你的爱人变化不大,而是你的爱人没有按照你的需求去改变,没有变成你渴望的样子。你渴望什么?你渴望爱人上完课后更加爱你,爱你一万倍?你渴望爱人事事都能够包容你,不与你计较?你渴望爱人对你百依百顺,理解你,懂你,你渴望他(她)完美地出现在你的生命里……

实际上,当你渴望他(她)通过上课来改变,而成为你想要的样子的时候,你的起心动念便已经错位了!那么,你们的夫妻关系依然会活在痛苦的轮回里。这

> 心的绽放最强有力的工具就是真相。

么多年，夫妻关系中最痛苦的事情不就是每天都在想办法改变对方嘛！彼此都希望对方做出改变，而殊不知，这种夫妻共存的模式已经错了。

爱，不是改变对方，而是与对方一起成长，一起经历彼此的生命功课。

夫妻双方结合到一起，是为了彼此相互配合，好好地完成生命的功课。每个人的生命功课都是不一样的。老公也许需要修炼包容，需要修炼担当、负责任、格局、胸怀……老婆也许需要修炼更加有爱，更加温柔，更加理解与放手……因为我们小时候爱的缺失，所以结婚之后我们都想要从对方那里拿到自己小时候没有得到的东西。很多女人为了得到并验证老公是否爱自己，会经常问老公，你到底爱不爱我，你到底在乎不在乎我？而且为了试探老公，还会经常做出很多不理智的事情来。殊不知，这些事情只会让男人更加确信老婆不爱他了，在老婆面前得不到爱，这时婚姻就会出现大问题。

夫妻双方相处的模式全部都来自于自己小时候与父母亲相处的模式。女人如果和父亲的关系很好，那么结婚之后与老公的关系也会很好。如果男人从小和母亲的关系很好，那么结婚之后与妻子的关系也

> 我们每个人都在持续影响着他人。

会很好。而反之，都会不好。好与不好已经不重要了，因为都过去了，重要的是当下的夫妻关系如何才能更好？

爱对方，就不要天天想着如何去改变对方，而要支持他（她）一起面对、一起成长、一起经历。婚姻的陪伴就是生命的陪伴，更是双方灵命相互扶持成长成熟的人生旅程。

各位朋友，我邀请你放下试图让对方按照你的标准改变的想法，带着尊重与允许跟他（她）在一起。这也许会付出代价，然而你要做的就是默默地陪伴他（她）一起品味代价之痛，然后再带着理解陪着他（她）从代价中走出来。

放下对对方的控制，放下从对方处索取爱的模式，去贡献爱吧。要允许生命的不完美，去支持对方成为其心中完美的样子。允许每一刻的呈现，允许家庭的不完美就是最大的完美。

在与对方的互动中，我们最大的模式就是掌控及评判。我们会用这些模式打断他人的生命流动，我们不允许对方呈现出自己真实的样子。我们总会用一套标准去衡量别人的表现是否在自己的标准之内。别人的表现与观点符合自己的标准，自己则喜悦之，而不符

> 当你发觉宇宙意识造物的本质时，你会经验到和平与喜乐。

合标准则抗拒之。这种关系中根本就不会存在友谊,一个没有友谊的关系就是近乎死亡的关系。

带着尊重生命的心,让生命自由流动起来吧!

> 头脑只看到了它没有得到的,而忽视了它得到的。

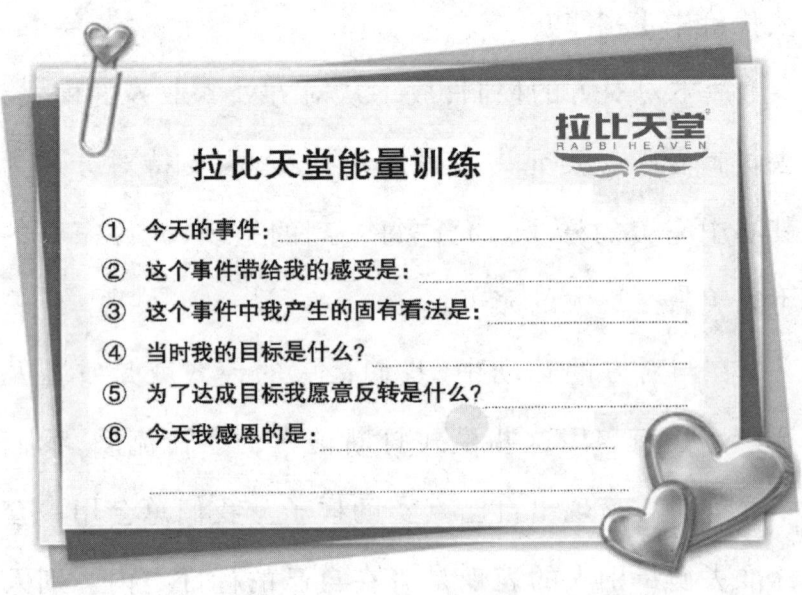

拉比天堂能量训练

① 今天的事件:
② 这个事件带给我的感受是:
③ 这个事件中我产生的固有看法是:
④ 当时我的目标是什么?
⑤ 为了达成目标我愿意反转是什么?
⑥ 今天我感恩的是:

从别人的模式里修正自己

很多时候,我们每一个人都在苦苦追求自己的梦想,都在苦苦探寻生命的真理,都在苦苦地达成自己的目标。为了达成目标与梦想,我们开始进行大量的学习,上课、向别人请教、努力地模仿别人……然而,一个人生命中最大的失败就是成功地模仿了别人。当一个生命成功模仿别人的时候,便已经失去了本源的自己。当我们学习了大量道理的时候,却活在了无限聪明的脑袋里。一个人如果于思维层面去创造成果、创造成功,那会非常辛苦,即使创造到了也会稍纵即逝……

在我们的生活中,无数的人依靠自己聪明的脑袋成功了。然而,经过短暂的喜悦,脑袋便开始生发出无数的烦恼、纠结、恐惧,于是短暂的成功在头脑生发的恐惧中便又结束了……

这么多年来,我上过无数大师课程,我比任何人都努力,比任何人都认真,然而效果却都是稍纵即逝。经过苦苦的摸索和开悟之后才发现了真正的学习之道、真正的成长之道。真正的学习是来自于自己亲身的体验,来自于自己对生活的体验,对生命的体验。自己的

> 生命是一种运动,在有序和失序之间来回摆动。

体验永远无法被替代，永远无法被模仿，所有的秘密全部都藏在体验里，所有的真理都藏在体验里。而体验则来自于生活，来自于与他人的互动，来自于周遭的环境。

真正的成长与修炼是在红尘中完成的，在红尘中得到的体验才是真正的开悟。我非常认同并喜欢基督教文化，因为基督文化的践行与修炼全部都是在生活中进行体验，而不需要在特定的道场里进行。在特定的道场里修炼实际上已经脱离了生活，而脱离了生活的修行将会是空中楼阁。

那么，如何才能真正于生活中完成生命的成长与修炼呢？去经历体验，体验他人说的每一句话，体验他人做的每一件事情，去体验他人的每一个情绪，去体验他人的每一个行为，去体验他人与自己互动的方式，去体验他人的每一个念头，去体验他人的每一个抱怨，去体验他人的每一个模式，去体验他人与自己的反应……因为所有的秘密全部都藏在他人带给自己的感受中。

感受是一个生命本能的反应，无法回避，无法掩饰，无法控制……

当你听到他人的一句话感到非常舒服时，说明对方的对话模式是行得通的；当你听到他人的一句话感到愤怒或痛苦时，说明他的模式是行不通的。如果你用同样的能量与模式跟他人互动，一定是同样的结果。当你的内在感受到不被认可、不被肯定、不被理解、不

只有你觉醒了，才可能超越孤独，因为那样你才会感到与万物众生的连接。

被尊重时，说明他人的模式是行不通的。那么我们在跟他人的互动中，如果与他的模式一样则势必会付出代价。

当你的下属不理解你时，你要学习到的是要更加理解自己的领导，因为每一个领导都有压力与苦衷。

当因客户欠你的货款久拖不还而感到痛苦时，你要学到的是不要再去欠你客户的货款，因为他会和你一样痛苦。

当你的下属总是和你对着干时，你要学到的是学会尊重自己的领导。因为对着干，他和你一样痛苦。

当你的朋友给你回应，挑剔你一身的缺点时，你要学会的是不再挑剔别人，因为你用同样的方式，他人和你一样痛苦。

当他人与你互动时否定你，让你愤怒时，你要学会的是能够肯定别人，因为这种方式同样会带给别人深深的伤痛。

当你为对方付出了很多，而对方却感到理所应当，没有一点感恩之心时，你要学会的是凡事应心存感恩，感恩别人在你身上倾注的一点点支持，否则别人会把带给你的全部再拿走，因为你也会这样做。

当你帮了别人99次，却只有一次得罪了他，然后他就会破口大骂，开始记仇，用这一点失误就抹杀了你99次的功劳与恩赐，我相信你我都有遇到过这种人的时候。这样的人是最让人心痛的，你支持他99次，但有一次没有符合他的标准，或者你有难言之隐，或者你

第三篇 实现生命的丰盛

> 觉察到内在的发生，就会有完全的接纳，没有冲突。

犯错了，对方就会恩将仇报，将你所有的付出都踩到地狱。如果在你的生命里正在发生这种事情，请不要痛苦，要感恩！因为如果你用同样的模式与他人互动，那么你将会失去所有，你要学会的是滴水之恩，涌泉相报。你也可以不涌泉相报，但是你至少要记一辈子，哪怕是他犯错误了也要记一辈子。因为那一刻他帮了你，对你有恩，感恩一个人和他的职业、和他是否活着、是否犯错、什么身份没有任何关系。这一点如果你开悟了，那么你必成大业，这一点通常很少有人能够做到。

当他人违反了对你的承诺，你感到很无奈时，你要学会的是如何遵守承诺。

当你失败或者做错事情，你的领导批评你，或者打击你，甚至想把你开除时，你要学会的是对他人的失败和错误深深地理解，毕竟谁都不会故意犯错及失败。

当你在销售员的感召下很喜悦地买了那个产品，你要学会的是问自己：为什么会做出购买的决定？因为你用同样的方式别人也有可能会买单。

当你非常愿意与这个人合作或相处时，你要学会的是用同样的能量跟他人互动，而别人一样愿意与你合作。

这两年我之所以成长速度飞快，是因为掌握了真正的学习之道，是因为通过别人的模式在不断地修正着自己。

只有从他人的模式里成长，自己才能真正成长，从自己的体验里去总结才是真正的学习之道。

不要去羡慕他人的智慧,因为你一样也可以生发出属于自己的智慧。

> 第二篇 实现生命的丰盛

> 觉醒者生活,未觉醒者存活。

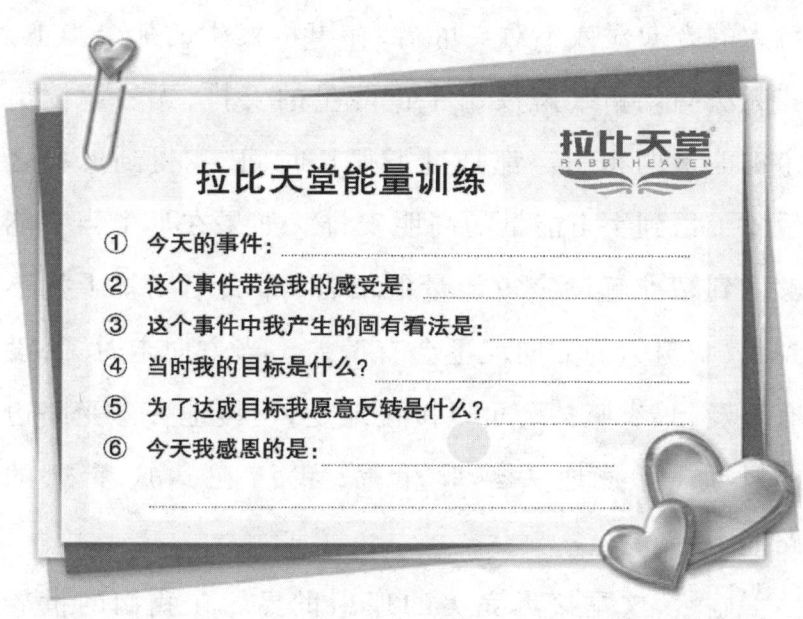

拉比天堂能量训练

① 今天的事件:
② 这个事件带给我的感受是:
③ 这个事件中我产生的固有看法是:
④ 当时我的目标是什么?
⑤ 为了达成目标我愿意反转是什么?
⑥ 今天我感恩的是:

方向不对，努力白费

你不是生而仿造他人。你是独一无二的。

有一次，老师问我们：在我们履行使命的路上，最困难的是什么？我想了一下，回答：对于我来讲是解读宇宙能量的语言。当我与我内在的高我连接之后，我每天都试图解读宇宙能量的语言。因为解读了宇宙能量的语言，我才能接受到恩典；我才能不让自己去痛苦；我才能顺其势，曲则全；我才能清晰地知道我现在努力的方向对或不对。可惜，在事情发生的那个当下，我无法立刻精准解读出宇宙能量的安排，无法解读出宇宙能量的指引。都是过了很长时间，我得到恩典之后才了悟到宇宙能量的高明安排。如果在那个当下能够做到精准解读宇宙能量的语言，那么小我就干扰不到我，我努力的方向就不会有偏差。当方向走对了，没有怀疑，只有坚持。可以慢慢地走，慢慢地去享受路边的风景，慢慢地去经验生命，我活在达成梦想的路上……

显然，这是接近完美的理想世界。在我们的世界里从来就不缺乏努力的人，没有哪一个人是不愿意努力的。我想，你也非常努力吧！可让我们感到悲催的是，很多时候结果都是事与愿违。得到一个结果却发现根本不是自己内心想要的，或者是走着走着根本就看不到目标，自己就莫名其妙地放弃了。

我承认自己并不是一个非常智慧的人，但承认我是一个非常努力的人。在这人生几十年的努力中，很多次自己发现自己努力之后，都会重新回到原点。这个世界从来都不缺乏努力的生命，缺乏的是能够清晰地知道此刻我正走在正确的方向上，我正在朝我的梦想一点点靠近……

方向不对，努力白费。

有很多人每天都在努力打造外在的世界，却没有把焦点调试到打造内在世界的方向上。

有的人每天都在拼命地抱怨及受害，却没有把焦点放到"我要对这件事情负责任"的方向上。

有的人每天都在努力地自私，从他人那里索取，却没有把焦点放到"我可以付出什么"的频道里。

有的人每天都在努力让自己成为一个记仇不记恩的人，却没有把焦点放到记报答对方滴水之恩的方向上。

有的人每天都在努力追求财富，为了追求财富而不择手段，却没有把焦点放到提升自己的能量与灵性上；有的人每天都在努力地让家庭幸福，却没有把焦点

> 完美还是不完美只在你的想法中。

放到学会理解与宽恕上。

有的人每天都在努力地工作，做生意，却没有把焦点放到："让自己静下来好好思考，我到底要去向哪里？"

有的人每天都在努力地改变自己的缺点，却没有把焦点放到活出真实自己的方向上来。

有的人每天都在努力地向别人请教，盲目崇拜别人，却没有把焦点放到探索自己的方向上，因为他不明白自己才是这个世界上最伟大的大师。

有的人每天都在努力地证明自己，证明自己是多么优秀、证明自己是多么包容、多么慈悲、多么善良、多么富有，却没有把焦点放到实实在在地活出自己生命的方向上。

有的人每天都在努力地想要聆听别人，却没有把焦点放到好好聆听自己的方向上。

有很多人每天都在努力地讨好别人，希望获得别人的认同，却没有把焦点放到"我到底要什么"的方向上！

有很多人每天都在努力地为自己制造冲突与纠结，却没有把焦点放到追随自己的心的方向上！

有很多人每天都在自己所熟悉的区域努力，在自己习惯了的舒适区域中来回奔跑，却没有把焦点放到创造更大奇迹的方向上。

> 觉醒者拥有但不占有。未觉醒者占有他所有的。

第三篇 实现生命的丰盛

有很多人每天都在努力地模仿别人,却没有把焦点放到生发自己独有的智慧及系统的方向上。当你模仿别人的时候,便已经失去了自己。一个没有了自己的"自己"怎么可能成功呢?

有很多人每天都在努力地创造物质世界,车子、房子,却没有把焦点放到活出以"生命目的为导向"的生命状态!

有很多人每天都在努力地说"健康很重要",却没有把焦点放到实实在在的健康生活习惯中!

有很多人每天都在努力地学习,到处参加各种课程,每天都在努力地评判别人,却没有把焦点放到"我可以从中学到什么"的方向上!

有很多人每天都在努力地开发新的客户、新的人脉,却没有把焦点放到为老客户、老朋友好好服务的方向上!

很多人每天都在努力地满足于头脑的需要,却没有好好去满足自己内在灵性的需要。

在乌龟与兔子赛跑的故事中,兔子虽然灵活、聪明,天赋很高,跑得快,但可惜它把焦点放到了证明自己的才能上,结果却没有赛过乌龟。而乌龟最大的优势只有一个,那就是自己知道"方向在哪里""该往哪里去",不需要证明自己跑得快,结果会一点点靠近目标。

> 合一就是觉醒于一切存在的真实本性。

各位朋友,此刻在你开始一天的新生命里,在出门之前应问问自己:我到底要去哪里?我真正想要的是什么?此刻我努力的方向对不对?如果这些问题了悟了,你就可以在这个方向里自由地活出精彩生命来……

如何才能知道自己的方向对不对?

当然是要聆听内心的声音哦!

不要试图让自己充满爱,而是要安然于没有爱的事实中。

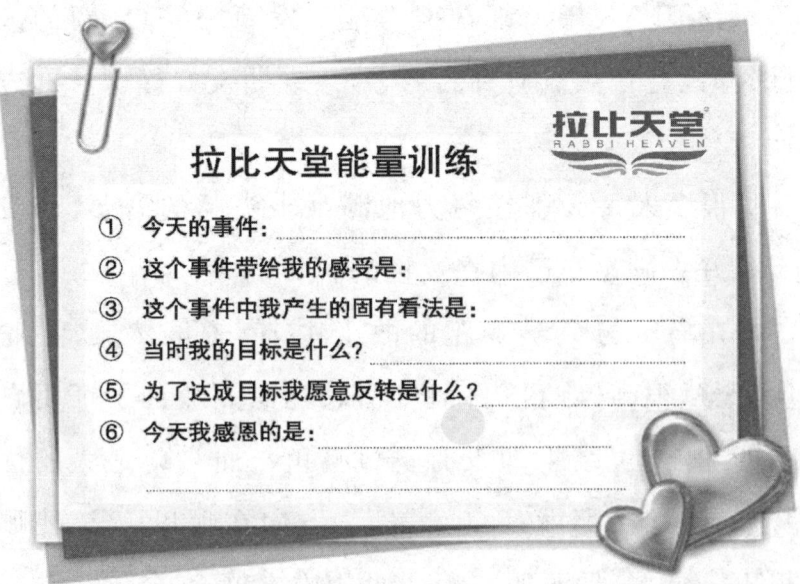

拉比天堂能量训练

① 今天的事件:
② 这个事件带给我的感受是:
③ 这个事件中我产生的固有看法是:
④ 当时我的目标是什么?
⑤ 为了达成目标我愿意反转是什么?
⑥ 今天我感恩的是:

第三篇 实现生命的丰盛

活出以目的为导向的人生

从生到死，我们到底应该如何活着，我们到底应该如何去经历这段生命？等到我们老的时候，回首这一辈子，我们可以让自己骄傲的是什么？我们可以自豪地告诉后来人什么样的人生故事？

当我们不留遗憾地结束此生，去到另一个空间的时候，带着满满的感恩与赞美来面对支持我们的灵魂，这就是活这一世的最高境界。

美好的一天开始了，今天你会如何开始这一天，忙忙碌碌还是做你认为最重要的？你是为了生存而被迫奔波，还是带着崇高的使命富足地去经历每一个时刻？当今天结束的时候，回看这一天，你是否活得非常满足，是否会感受到生命的意义，是否会对今天充满着感恩？还是无聊的一天又开始了，无聊的一天又结束了……

我们到底该如何活出生命的目的？

唯有活出以人生目的为导向的人生，才是真正地活着、才是觉醒地活着、才是喜乐地活着、才是富足地活着、尊贵地活着……等到我们离开这个世界的那一天，我们可以心满意足地离开。

> 爱就是如实地经验他人。

思来想去是爱苦。

如果我们是以生存为导向地活着,那么我们就会艰难地活着、迷茫地活着、贫乏地活着、乞讨地活着、卑微地活着、麻木地活着、纠结地活着、痛苦地活着、恐惧地活着、抗拒地活着……等到我们离开这个世界那一天,我们会心存遗憾,死不瞑目!

亲爱的朋友,让人生目的去主宰你的一生,去主宰整个世界,去主宰我们的内心,去荣耀我们的灵魂吧!唯有这样,我们才能活在天道里,活在宇宙法则里,活在富足世界和卓越人生里!唯有这样,活着才能真正得到宇宙能量的指引,接受到宇宙能量带给我们的生命信息。唯有这样活着,宇宙能量才会为我们匹配所有的资源、贵人以及实现使命的财富。

我们很多人都在苦苦追求财富,可是我们的财富却是为了满足自己的私欲。当然,这没什么,最重要的是当你被满足之后要去贡献、去付出、去助人,要活在以人生目的为导向的频道里,否则宇宙会马上将你已经拥有的全部拿走。

大愿得大助,小愿得小助。

曾经有一名学员问我:一个人如何才能源源不断地创造财富?我毫不犹豫地回答她:看你的愿力如何?她又问我什么是愿力?我向她解释——愿力就是她希望多少生命因她而精彩,她愿意为多少人付出,愿意成就多少人,愿意为这个社会作多大的贡献!这个东西才是真正决定她拥有多少财富、能够驾驭多少财富的宇宙真相。

你的财富是与你的愿力相匹配的,如果你的愿力只是为了让自己过得更好,宇宙只会为你匹配一点财富,如果你侥幸发了一笔大财,同时不愿调整你的愿力,那么宇宙很快会让这笔财富消失得无影无踪。我们身边每天都有大量这种案例发生,很多都是"辛辛苦苦几十年,一夜回到解放前"。每天拿出大量财富去贡献的企业家,都是了悟了宇宙法则、看透了宇宙真相。财富承载的是爱的能量,唯有让自己爱着,财富才会越来越多,否则财富来临之时便是灾难降临之时!

活出你的人生目的,带着爱去生活,去实现梦想与使命,你就可以主宰更多的财富。

我们学习的目的不是为了成长,而是让自己更加有能力地付出、更加有能力去爱、更加有能力去活出以人生目的为导向的人生,这是完全不同的频道。

那么,我们到底应该如何活出人生目的?敬请您思考以下几个问题:

1. 我的人生要以什么为核心?
2. 我的人生要活出什么样的品格?
3. 我的人生要有什么贡献?
4. 我的人生要向世人传递什么信息?
5. 我的生命要归属于什么群体?

当我们的人生终结的时候,别人的评价对我们已经不再重要,重要的是高我意识对我们的评价、重要的是我们的灵魂对我们的评价。到那时候,我们会得到灵魂的拷问,还是深深的嘉许与赞美?

> 如果你有对宇宙意识的信念与连接,你便会知道如何亲近宇宙意识。

朋友们,去调整你的频道吧!今天花一点时间,为自己做一份生命宣言,让这份宣言来主宰自己的整个生命旅程,来主宰自己的生活、主宰整个世界。因为我们每一个生命都是迷失的阿凡达(带着特殊使命的人称为阿凡达),唯有活出生命的宣言,我们才能去行使自己的使命……

从今天起,我要开始新的飞翔!

从今天起,我要开始新的奔跑!

从今天起,我要开始新的活法!

你无法信任何人,因为你无法信任你自己。

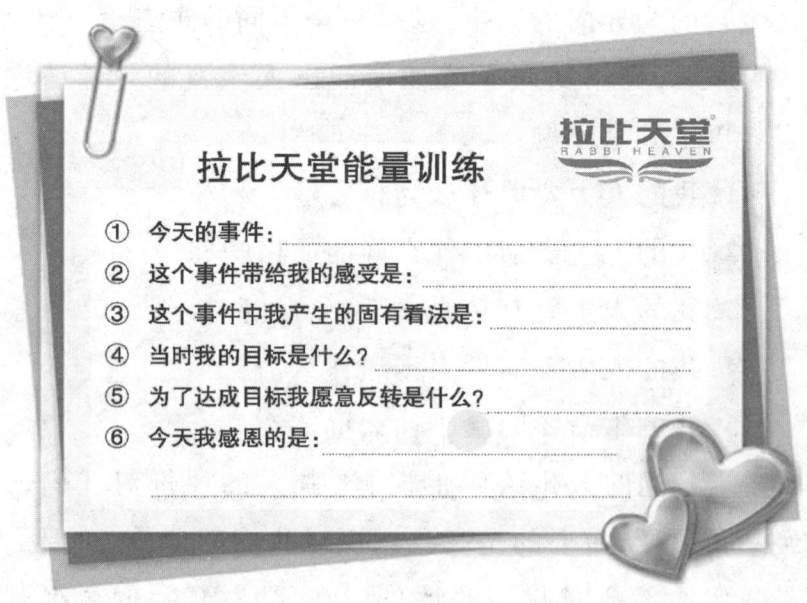

拉比天堂能量训练

① 今天的事件:

② 这个事件带给我的感受是:

③ 这个事件中我产生的固有看法是:

④ 当时我的目标是什么?

⑤ 为了达成目标我愿意反转是什么?

⑥ 今天我感恩的是:

成功不是从头再来,而是……

在我的能量课程里,每一次我都被每一个生命感动着、激励着,而看到每一个生命都能够进入觉察,发现生命的真相,跳出自己生命的轮回,内心就充满了无比的幸福。每一次能量课程都会引发我对生命更深的探索与思考。我们都在苦苦地追求成功、追求幸福,可是我们在苦苦追求的路上总是一无所获,或者从头再来。

> 接纳你孩子本来的样子。

昨天所有的荣誉,已变成遥远的回忆;
勤勤苦苦已度过半生,今夜重又走入风雨;
我不能随波浮沉,为了我至爱的亲人;
再苦再难也要坚强,只为那些期待眼神;
心若在梦就在,天地之间还有真爱;
看成败人生豪迈,只不过是从头再来;
昨天所有的荣誉,已变成遥远的回忆;
勤勤苦苦已度过半生,今夜重又走进风雨;
我不能随波浮沉,为了我至爱的亲人;
再苦再难也要坚强,只为那些期待眼神;

> 心若在梦就在,天地之间还有真爱;
> 看成败人生豪迈,只不过是从头再来;
> ……

这是刘欢演唱的《从头再来》的歌词,我过去无数次听过这首歌曲,也无数次被这首歌曲所激励。当自己失败的时候,让自己咬着牙,再苦再难也要坚强,并且我还在课堂上用这首歌曲激励过无数学员。可是每一次我们咬紧牙关却只获得了短暂的成功,而在很短的时间后自己却又重新回到原点。当自己回到原点的时候,开始为自己套上无数的限制,带着无数的限制重新开始,然后很努力地重新获得成功,然而又莫名其妙地失败,又重新为自己增加了限制……

30岁时,我们喊着要从头再来;40岁时,我们喊着要从头再来;50岁时我们喊着从头再来;可是,我们60岁时已经喊不动了……其实,我们都已经陷入了可怕的轮回:成功—失败—产生限制—再成功—再失败—增加限制……

成功不是从头再来,而是一次次的叠加。

幸福不是从头再来,而是一次次的叠加。

能量不是从头再来,而是一次次的叠加。

我们都喜欢享受成功的喜悦,每当我们成功时就会无比快乐与开心。可是,我们有个死穴就是非常厌恶自己的失败。每当我们失败时,就会陷入到无比的

> 觉醒者从心回应。未觉醒者从头脑反应。

痛苦和难过中。

有一天，我们成功了，我们会感到无比快乐与开心；

另一天，我们失败了，我们会感到无比地痛苦与难过。

再一天，我们又成功了，我们又无比快乐与开心。

又一天，我们又失败了，我们又无比痛苦与难过。

……

我们很多人的生命都是这样，如此地在世间轮回，但这就是我们已经习以为常的生活模式吗？

假如我们能够找到一个开关，去破除这种轮回，当我们成功时，我们发自内心地感谢成功，因为成功让我们体验到喜悦，成功让我们体验到生命的价值，成功让我们备感力量！当我们失败时更加要感恩，因为失败让我们能够获取价值，能够让我们获得足够的成长；因为失败能够让我们接受到灵性的指引，可以把我们纠偏到一个成功的频道里；因为失败可以让我们重新建造新的模式！

我们面对生活永远无法预料是成功还是失败，我们唯一能够选择的是感恩成功、感恩失败、感恩错误，让自己活在一个积极正向的频道里，活在一个正能量的频道里。

那么，应该如何正确地活着，如何正确地追求成

第二篇　实现生命的丰盛

> 宇宙意识要给你一个海洋，不要只带个汤匙来。

功,如何正确地面对苦难与失败呢?

觉察!从这一刻开始吧。唯有觉察才能去到内在最深的地方。

放开伤痛即是原谅。

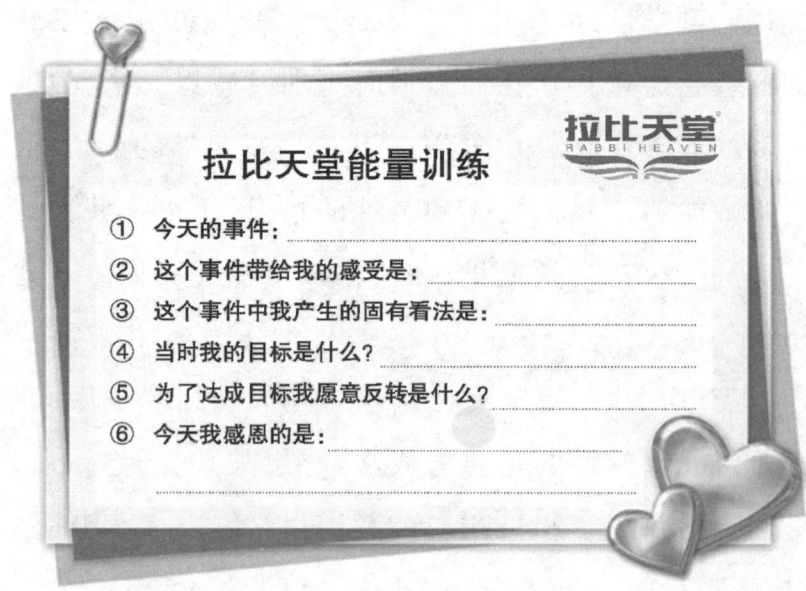

拉比天堂能量训练

① 今天的事件:
② 这个事件带给我的感受是:
③ 这个事件中我产生的固有看法是:
④ 当时我的目标是什么?
⑤ 为了达成目标我愿意反转是什么?
⑥ 今天我感恩的是:

苦难是你我生命中最大的恩典

苦难，是每一个生命都要面对的问题。

有次课堂上，我们一起探索了苦难的要义——我们每一个生命都会在苦难中生活、在苦难中创造财富、在苦难中死去，没有一个人会例外。

朋友的欺骗，合作伙伴的算计，他人的拒绝，事业的失败，家人的不理解，别人的伤害，客户恶意的欠款，员工的背叛，爱人的背叛，或者你很努力而财富成果却不尽如人意……

因为小人的陷害而让你身陷囹圄，别人违反了对你的承诺，遭受疾病的折磨，你掉入了他人为你设好的圈套，或者昨天别人说了什么话到现在你都觉得不舒服……

无数个不同形式的苦难，此刻，你正在经历哪一种？上面这些苦难，我敢打赌你全部都经历过，我也全部经历过，天下所有的人一样也都经历过，只不过有些形式是不一样的而已。

我们所有人这一生经历的苦难都是一样的！

无论是基督教也好，佛教也好，都已经提醒我们，

> 头脑本质即是区别分裂。

我们在世上都会遇到很大的问题。都会遇到生苦、死苦、疾病之苦。没有人能够免受痛苦，或者与痛苦绝缘。没有人能够风平浪静地度过一生。人生就是一连串的问题与苦难，你今天解决了一个问题，下一个问题又来了；今天你反转了一个苦难，下一个苦难马上就又来了。

是什么苦难不重要，既然苦难无法避免会伴随我们的一生，那么我们需要探索的是：苦难来了，我们该去向何处？我们该如何面对生命中的苦难？

宇宙能量创造了伟大的世界，创造了人类，同样创造了苦难。宇宙能量之所以让苦难与我们人类并存，一定有着深远的意义。宇宙能量的旨意是让我们通过苦难使内在的品格加以成长，让我们内在的灵命得到成长，而不是葬身于苦难。

我们大多数人面对苦难的时候是选择抱怨，选择仇恨，选择放弃，选择成为一个受害者，选择沉沦，选择自暴自弃……甚至选择结束自己宝贵的生命。这都不是宇宙能量的设计，更不是宇宙能量的本意。

生活中还有极少数的一部分生命面对苦难时学会了觉察，学会了自信，学会了坚强，学会了宽恕与理解，学会了勇敢，学会了面对，学会了感恩，学会了放下，学会了爱……通过苦难，其生命的内在品质得到了极速成长。它从苦难中拿到了巨大的恩典，然后让自己享受于这个恩典当中。

苦难是我们生命中最大的恩典，我们最要感恩的

> 与自己的真相处便是内在成长的全部。
> 自己是谁共是成全。

就是每一天的苦难,由着每一天的苦难去成长自己、创造奇迹。我们活着的意义就是去解决我们的苦难和人类的苦难,每一个苦难的来临都是为了让你我变得更好,变得更加完美,变得更加卓越。这是为了告诉我们,此路不通!是为了告诉我们,一些模式需要改变,要去选择更好的模式。

朋友们,现在你正在经历什么问题,经历什么苦难?赶快感恩吧,带着感恩的心去问高我意识:我可以从中拿到的恩典是什么?

老天爷让我从小到大都疾病不断,我一直都经历着疾病之苦,它把一个世界范围的疑难杂症"强直性脊椎炎"无情地降临到我身上15年。在这15年当中给我带来了太多的痛苦,让我脾气暴躁,让我夜不能寐,让我生不如死……一直以来,我都受害于自己的疾病,可正是我的疾病让我学会了爱,学会了放下,学会了坚强,学会了理解,学会了感恩,学会了珍惜……正是因为这个该死的病,我义无反顾地踏上了灵修之路;让我可以消除我的业障,让我可以荣耀我的家族,全面清理我和家族的负能量。因为这个病我才选择到世界各国的学府内修,让我能够快速消除自己的累世业力,因为这个病让我对神性的探索充满了深深的好奇。感恩我遇到的苦难,感恩我的疾病,一路陪伴我踏上灵修之路。

生命是一场苦难与恩典并存的历程,生命的意义在于经历。经历苦难,享受苦难,超越苦难;从苦难中

> 我们的内在状态呈现出这个世界的样貌。

第二篇 实现生命的丰盛

汲取营养及水分,从苦难中完成自己这一世的功课,从苦难中完成自己的神性实现,更要从苦难中了悟宇宙、了悟生死!

亲爱的苦难,谢谢你,我爱你!

> 只有当你时刻临在,你才真正是在生活。

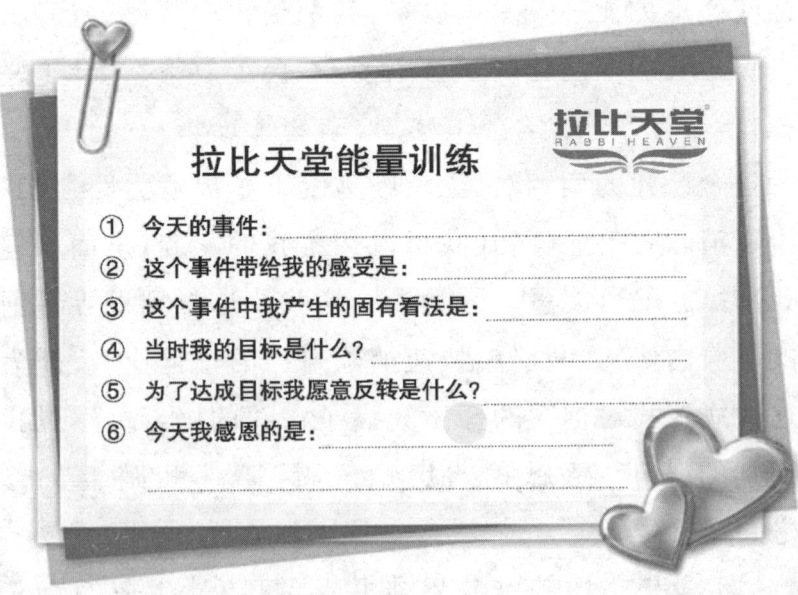

拉比天堂能量训练

① 今天的事件:
② 这个事件带给我的感受是:
③ 这个事件中我产生的固有看法是:
④ 当时我的目标是什么?
⑤ 为了达成目标我愿意反转是什么?
⑥ 今天我感恩的是:

生命的荣耀在于把烂牌打成好牌

朋友们,此刻你是否正在为昨天做错的事情而烦恼?是否正在为刚才说错的话而内疚?是否正在为伤害了某个生命而后悔?是否正在为刚刚经历的失败而痛苦?是否正在为别人不同意你的观点而愤怒?是否正在为销售业绩不佳而迷茫?是否正在为员工的离职而伤心?是否正在家庭中与爱人冷战或吵架?总之,你正在经历人生中的一系列烦恼……

我的生命中每天也经历着和你一样的课题,宇宙为什么会每天安排这么多课题出现于我们生命中?为什么会安排这么多烦恼、这么多我们不喜欢的人和事出现在我们身边呢?

宇宙总是会把一副烂牌放到我们的手里,是为了让我们体验精彩。

面对一系列问题和烂牌,我们该怎么办?一副好牌谁都会把它打好,一个君子谁都会和他相处得很好,一件很顺利的事情谁都能把它办好,然而,我们生命的

> 任何新的信念系统只不过延迟了从头脑解脱的期限。

第三篇 实现生命的丰盛

一切执着的根源在于爱的缺失。

价值不在于把好牌打好,而是如何把手里的烂牌打成好牌。唯有化腐朽为神奇,化污浊为清净,化不利为有利,化讨厌为欣赏,化抗拒为接受,化受伤害为负责任,化恐惧为力量,化失败为成功,化倒霉为幸运,化苦难为恩典,化不幸为好运,化危机为机会,才能足够彰显生命的荣耀,才能足够彰显生命的价值,才能足够活出生命的意义。

我们每一个生命遇到的问题及困难都是一模一样的,有成就之人和普通人唯一的区别就是其学会了如何把手里的烂牌打成好牌。从我的角度看这才是人与人之间最大的区别,因为这个区别才造就了结果的天壤之别。

最近我接触了许多关于毛主席的书籍和影视作品,突然发现毛主席他老人家是把烂牌打成好牌的天才大师。在你我的生命里,每一刻都有可能说错话或者做错事,都有可能因为你的某句话不经意间伤害到他人。在这一生的经历中,谁都无法避免,既然无法避免,那么我们要学会的就是如何反败为胜、如何快速反转。

而怎样才能快速反转,把手里的烂牌打成好牌?我自己有几点感悟与大家分享:

第一点:我们首先要培养自己把烂牌打成好牌

的思维意识,把反败为胜作为自己生命中的一种能力,唯有这种意识的支撑才能真正生发出成功的智慧。

第二点:一定要跳出问题、跳出系统、跳出范畴,站高一线去解决问题。我们在制造问题的层面永远无法解决问题,就好比我们在雾霾的天气里无法呼吸到良好的空气。在雾霾的天气里,怎么解决都不能够彻底,唯有到西藏,在蓝天白云下,问题本身就自己疗愈了;再比如,一对夫妻吵架,如果在证明谁对谁错的层面解决问题,其吵架永远都不会结束,唯有跳出问题,用夫妻共同的目标、共同的梦想去引领,才能让吵架结束。

第三点:一定要放眼于整个系统、整个全局去解决问题,比如,一个优秀的员工离职了,如果你为了挽留这个员工而为他加工资、开绿灯,那么你自己就已经在进行自我摧毁了。优秀员工离职是一个点,这个员工离职了,一定是整个薪酬系统需要调整了。而如果不尽快调整,即使留住了这个员工,那么下一个问题也会马上出现。

第四点:一定要深深地感恩,感恩每天的苦难,感恩每天你做错的事和说错的话,感恩这副烂牌,因为唯有把烂牌打成好牌才能真正彰显出生命的荣耀。

> 神奇的体验并不会造就一个神秘主义者。

生命的旅程就是体验的过程。

宇宙安排如此多的问题出现在我们生命里是为了检验我们,是为了让我们内在的灵命快速成熟!

真相永远不会伤害你。

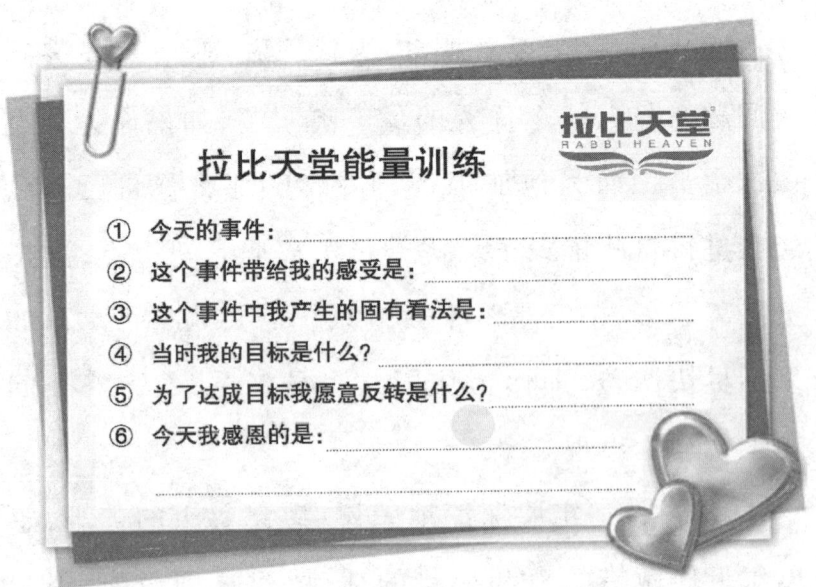

拉比天堂能量训练

① 今天的事件:
② 这个事件带给我的感受是:
③ 这个事件中我产生的固有看法是:
④ 当时我的目标是什么?
⑤ 为了达成目标我愿意反转是什么?
⑥ 今天我感恩的是:

第三篇 实现生命的丰盛

一切都是最好的安排

我们经常会听到一句充满灵性的话："一切都是最好的安排。"以前对这句话的理解只是停留于概念上，可是经过一段时间的觉察与了悟，我对它的理解开始来到能量层面。我把对万事万物的了悟分为了四个层次：

第一个层次：从事件本身的层面理解。

在这个层面，事件就是事件，物质就是物质，人就是人，问题就是问题。在这个层面充满了对与错，充满了一叶障目的单一思维，我们往往会深陷于事件而不能自拔。

第二个层面：从因果层面理解。

来到这个层面，站的高度往往会更高更远。这个世界没有无缘无故的爱与恨。生活中没有如果，只有因果。一个结果呈现了，一个事件发生了，一定有"因"，才会有果的发生。唯有洞悉因果，方能摆脱轮回。

第三个层面：从能量层面理解。

万事万物都有着其特有的振动频率。我们的一个

> 当你为觉醒所做的努力停止时，你就觉醒了。

念头或者感受产生了一个振频,不同的振频会引发宇宙相同频率的共振,所有结果的发生只不过是自己的念头和感觉持续振动的结果而已。

第四个层面:从宇宙能量的层面理解。

一切的发生都是宇宙能量计划好了的。宇宙能量知道我们需要什么、不需要什么,所以才把生命中一切的恩典都隐藏于每个结果的发生中。我们对宇宙能量的认知与链接决定了我们吸收到的信息及呈现的结果。

"一切都是最好的安排",如果从我们人的角度来看,无论如何都无法理解这个世界。

每天的日出日落,无数个恒星有规律地运转而不冲撞,神秘的外星人,人类为什么会生老病死?狗为什么无法读懂人类的语言?人类为什么会分为男人和女人?人类为什么又会分为无数个国家与民族?在每一个社会中为什么只有20%的人会成功拥有财富?一切都无法解释,就像蚂蚁无法理解互联网一样。

其实,所有的一切都是宇宙能量已经安排好了的。宇宙能量知道人类需要什么、不需要什么,是宇宙能量的神秘力量在掌控着宇宙万物。

我们活在其中的世界当中,根本无法看到宇宙的全貌,人类只能看到自己能够看到的角落。然而,宇宙能量却能够看到一切,因为宇宙能量是宇宙的创造者,所以,宇宙能量知道什么对我们是最好的,也知道我们会在每一个阶段遇到怎样的苦难与恩典。宇宙能量已经按照每个人的情况,把最好、最适合的东西匹配给了我们。如果我们能够读懂它的语言、接受它的指引与恩典,一切都将会水到渠成。

宇宙能量知道什么是最好的,所以一切都是最好的安排。而可惜的是,很多人不信宇宙能量,不信这个无形的能量,逆势而上,而不是顺势而为,所以损失惨重。其实,宇宙能量每一步的安排都是让你更好,为你创造更好的环境、创造更好的财富及成果。每一步发生的事情都是为了你更好的做准备,不管是好的还是坏的……

这两年来,我一直坚信这两大信念:
1. 活在当下,顺其自然,让爱流动;
2. 相信宇宙会为我做最好的安排。

正是因为我的托付,所以今天自己才取得了一个个创举及成果。以前,当我失败或者不如意的时候,我在用自己的力量去反转,用我的强势、霸道、自以为是去阻碍宇宙能量为我所做的安排,结果却是连续失败。这两年我学会了相信宇宙能量,相信万物世界的创造者,所以我才能够享受到宇宙能量为我所做的最好安排。

一切都是最好的安排,用我们的眼睛根本就无法读懂所谓的失败,永远无法理解我们所付出的代价,就像蚂蚁永远无法读懂我们的手机一样。我相信宇宙能量知道什么对我是最好的,一切都是最好的安排!我只要跟着自己的心走,聆听自己内心的指引,就可以得

第三篇 实现生命的丰盛

你经历的事件和人际关系,反映了你的内在状态。

到一个巨大的恩典。

一切都是最好的安排,只是我们暂时没有接收到宇宙的恩典而已。

> 你越试图控制头脑,头脑越会失控。在随之而来的抗争中,你必败无疑。

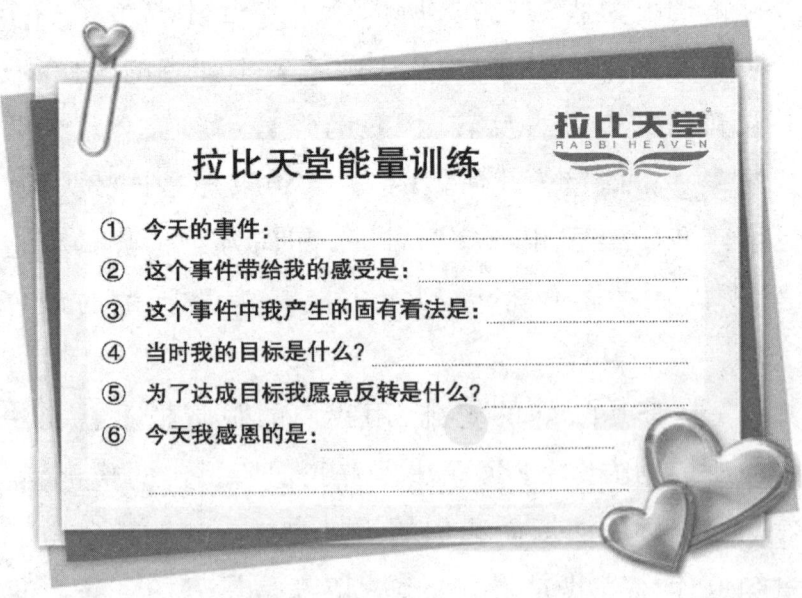

第三篇 实现生命的丰盛

人生是自我预言的实现

有一句话分享给大家："灵命的成长就是用真理替代谎言的一个过程。"当我听到这句话的时候，我头脑里突然冒出来的就是：什么是真理？我们平时总是说：真理掌握在少数人手里。那么到底什么是真理呢？各位，此刻你的答案会是什么？我相信你平时可能很少思考这个问题。而这个问题对于你我都很重要，因为历史舞台上所有的伟人与成功者都是藉着真理而成长与成功的！如果你不能活在真理中，那么你梦想的旅程将会经历无数挫折，将会走无数弯路，而且目标还不一定能够实现。

何为真理呢？我的理解就是宇宙本来的真相与规律，事情本来的真相规律，生命本来的真相与规律。藉着这样的定义，我们一起来探索一个真相，就是你的生命中为什么会出现目前让你满意或者不满意的结果？

人生是自我预言的实现，今天在我们生命中出现的结果，不管我们承认还是不承认，都是我们在过去说

> 自由并非带来喜悦，自由本身即是喜悦。

过的话被应验了。当然,我们每天说的话可以分为三种:一种是我们知道的,一种是说了之后我们不知道的,另外一种则是我们不知道而且我们没有表达出来的语言,我把它简称为语言背后的语言。我们说的每一句话到现在不一定都会产生一个结果,但是现在的结果一定都是在过去所说所讲的实现。因为我们的潜意识每时每刻都在记录着我们所说的每一句话,当潜意识记录下来之后,会按照这句话的意思去操控我们的行为,每一个行为都会产生一个成果。所以,我们现在人生的结果都是我们预言出来的。

我们每天都在说无数的话,我们说话的品质决定了我们生命的品质——在家庭里说的话决定了你家庭的品质,在团队里说的话决定了你团队的品质,在企业里说的话决定了你企业的品质,在人际关系里说的话决定了你人际关系的品质。我们的每一句话都承载了能量,我们的每一个念头都会产生频率振动,这种内在念头的振动就显化成为了一个成果。

有一次我在课堂上为学员分享了这个真相,有一名学员站起来对我说,王老师,你讲得不对,你说人生是自我预言的实现,而我在怀孕的时候一直都想要个男孩,可为什么生出来的却是女孩?我就问她,你在怀孕的时候,想要男孩,那么你背后的小声音是不是"千万不要生女孩"?你是不是天天在这种念头背后的语

> 爱关乎于心,而非头脑中的完美典范。它不是一个概念,而是一种自然的流露。

第三篇 实现生命的丰盛

言系统里面担心与恐惧？她说，是啊！这就对了，因为我们的潜意识不识别否定性字眼。

比如我现在说，你此刻可以闭上眼睛，请你闭上眼睛后不要想红色，千万不要想红色……亲爱的朋友们，你的脑海里看到的是不是红色？这就是我前面讲的语言背后的语言。所以，如果我们没有觉察的话，是多么可怕，因为我们每一刻的语言都有可能成为现实。在生活中有很多人倒霉，就是因为自己负面的语言系统，比如，夫妻吵架往往讲得最多的语言就是："不行就离婚吧！"结果就是这句话让很多家庭分崩离析。

朋友们，要想实现梦想，就不要把我们的方案看得太重要。我们能够每一刻有效地带着觉察去管理我们自己的语言系统，那么每一个梦想就都会实现，因为人生是自我预言的实现！这就是宇宙的真相。

我们每天都活在自己及他人的预言当中，这种预言都会在我们内在的潜意识中形成一个心锚，一个心锚的形成都会成为我们生命中的一个生命程序。比如在生活中，算命先生的预言往往会对一个轻信的人产生绝对影响。

让自己的语言正向起来，带着感恩的心去让自己的灵命更加成熟吧！

> 一次体验等同于一千条解释……

> 就所有存在的真实本质的唤醒。
> 合一就是对所有的真实本质的唤醒。

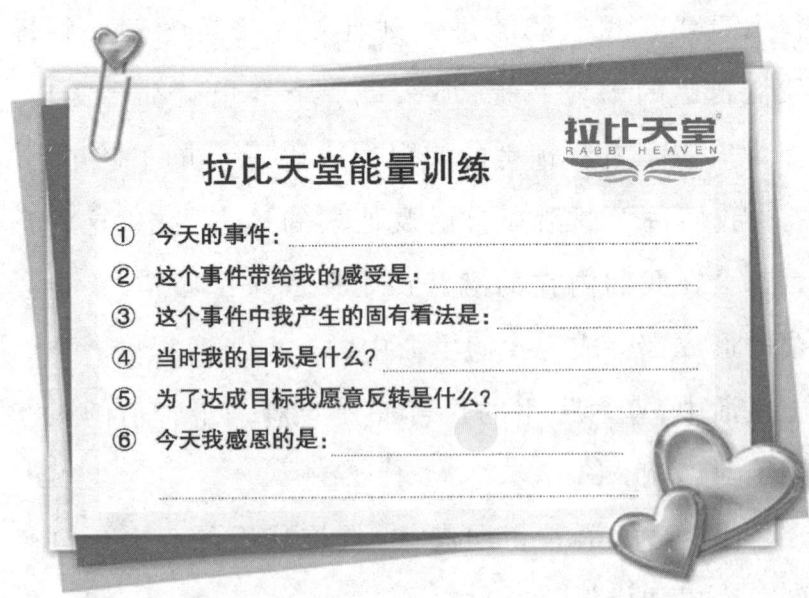

拉比天堂能量训练

① 今天的事件：_____
② 这个事件带给我的感受是：_____
③ 这个事件中我产生的固有看法是：_____
④ 当时我的目标是什么？_____
⑤ 为了达成目标我愿意反转是什么？_____
⑥ 今天我感恩的是：_____

亲爱的财富，爱你不容易

我们每一个人都能够吸引到财富，吸引财富取决于我们与财富本身的关系，能够吸引到多少财富完全取决于每个人的能量级别。我们都在努力地追求财富，可是亲爱的财富，爱你却并不容易！

也许你有一个清晰的财富目标，并为这个目标努力过、拼搏过，但却依然没有成功。为什么有些人看似轻而易举就可以赚到很多钱，而有些人无论再怎样努力换来的也只有不断的失败以及永远还不完的信用卡账单？同样是努力工作，为什么结果却相差千万倍，难道他的运气比我好吗？别人都说"穷三代""富三代"，难道我这辈子就注定是这样了吗，有没有改变命运的可能？

也许你已经取得了一定成功、拥有了一定财富，却总是很辛苦、很忙，压力很大，紧张、焦虑，甚至牺牲了健康、牺牲了与家人在一起的时间，错过了孩子的成长，难道赚钱就一定要付出这种代价吗？

也许财富已经可以满足你的生活需要，相比于身

> 所有人类问题和痛苦的唯一解决方法都是一个人与世界的合一。

第二篇　实现生命的丰盛

灵性的旅程始于你在哪里的觉知,而不是你应该在哪里的困扰。

边的其他朋友要好许多,但是你心里却总存有很大的匮乏感、不安全感,总觉得不够,害怕失去金钱,即使面对自己喜欢的事物也不敢放手追求,像巨大的黑洞吞噬了你的创造力、冒险精神及活力。当利润下滑或境况改变时,你总是会担惊受怕,压力山大!

也许财富对于你而言不是最重要的,但你想做更伟大的事情、实现更大的梦想,却很难突破目前的财富数额,无论怎样努力也只能赚这么多了。

每个人都希望得到成功与财富,但无意识里的信念却往往障碍或破坏着我们去得到,而这些信念我们却从来不曾觉察到。

财富的运作不会根据你认为的方式发生在自己身上,你的财富被自己的业力和能量层级所制约,如果你不能顺应财富本身的属性与法则去获取的话,代价就会很大。

一个人为什么不能持续创造成果和财富的根源,从能量层面分析如下三个原因:

一、让自己脱离了感恩的频道

我们想要的成果只有在感恩的频道里才能看到与拥有。频道不对,努力白费。感恩是什么?很多人认为别人帮我,我就得感恩他,这是太浅层次的感恩了。其实感恩是一种爱的表达,是对宇宙的相信,是对对方付出的尊重。比如,你上了一堂课,结束之后,你告诉

第三篇 实现生命的丰盛

老师,我没有收获,这是不懂感恩的生命状态。一个人上完一堂课,如果不在感恩的频道,他根本就收获不到任何东西,因为他在评判比较。感恩不是你说了什么感恩的话,而是你的生命底层活出的能量状态,是你对自己内在生命灵魂的尊重与肯定,是你对世界万物能量及高我意识的一种信任。

更可怕的是,我们很多人,当别人帮助自己的那一刻很感恩,可是在与对方继续相处的时候,因为对方的一个模式或一句话让自己不舒服,于是马上就开始抱怨指责,甚至进入到了仇恨的状态。一边抱怨,一边感恩,对别人怎么样不重要,重要的是你每一刻都在制造自己内在的冲突,一个冲突的内在怎么可能创造伟大的成就呢!自己在打自己的脸,怎么可能拥有能量呢?

二、没有等待的耐心

一粒种子种到土壤里边,需要阳光水分,需要时间啊!就像我们吃的小麦需要几个月才能够收获一样。可不幸的是,很多人没有等待的耐心,第一天把种子种到土壤里面,第二天便刨出来看看有没有发芽,第三天没有等到发芽就又刨出来看看。你已经把那一粒种子整死了,自己还在傻傻地等待,最后没有成果就开始指责抱怨。就像父母在孩子 6 岁的时候,便让其做爸爸一样,天呐,违反了宇宙法则呀!生活中很多人都是这样,亲爱的财富与成果,你看到我们人类的模式了吗?

> 当任何事情到达了极限,它都会经历一个转变成为相反的过程。

爱我们，真是不容易！

三、一边相信，一边怀疑

既然相信了就不要怀疑，既然怀疑了就不要相信。一边相信一边怀疑，这又是一种自我摧毁！既然一个东西曾经在你的身上起过作用，那就要持续地相信。通常很多人因为丢了一根针就要否定整个世界；因为被一个人伤害过，就要骂遍所有人；因为被偷了一次，就觉得大街上看到的人全部都是小偷；因为一个教练没有支持他，他就要否定整个行业。亲们！这样的生命状态怎么可以为自己累积能量？只有当能量累积到足够多时，奇迹才会发生，这是宇宙法则。很多人每天一边累积能量，一边在摧毁能量，就像你一边往池子里边加水，一边放水一样，结果是没有水啊！

其实，创造成果和财富没有那么复杂，只要我们能够遵循宇宙法则及财富丰盛法则，当链接宇宙能量的帮助时要感恩，当链接不到宇宙能量的时候更要感恩，不要将宇宙能量逼得太紧。当宇宙能量给你指引的时候要相信，当宇宙能量遥不可及的时候更要相信。因为宇宙能量一直都在，只要你感恩，只要你相信……

金钱本身就是一个充满着灵性的生命。如果此刻你就是金钱，那么我问你：你喜欢什么样的人，你喜欢待在什么地方，别人做些什么你才会被吸引？

你得到的答案一定是金钱想要的。

我用自己的成果及财富的巨大反转,深深地验证了这些法则。

> 流经了现在,并以未来的方式显化了自己。过去的。

第三篇 实现生命的丰盛

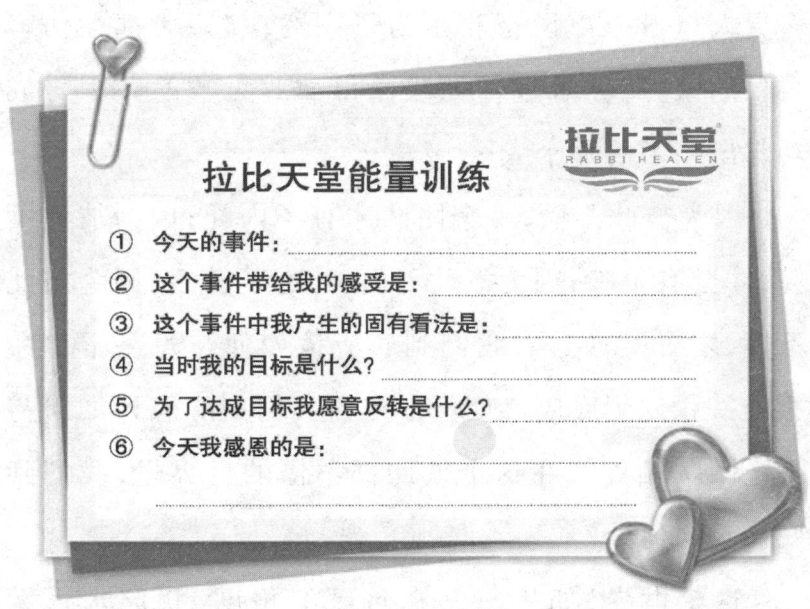

拉比天堂能量训练

① 今天的事件:
② 这个事件带给我的感受是:
③ 这个事件中我产生的固有看法是:
④ 当时我的目标是什么?
⑤ 为了达成目标我愿意反转是什么?
⑥ 今天我感恩的是:

觉醒的力量

别站在你的角度看我，我怕你看不懂

觉醒者不会受伤，因此没有什么需要被原谅。未觉醒者会受伤，因此想要被原谅。

　　站在你的角度看问题，你永远都无法懂得这个世界；你永远都无法懂得每一个生命；你永远无法懂得一个清华大学毕业的高材生去卖猪肉获得了成功；你永远无法懂得一个拥有高薪的国家公务员下班之后骑着电动车去辛苦地赚外快；你永远无法懂得一个女人为了出名而一脱再脱，直到无法再脱；你永远无法懂得很多男人口口声声说奋斗是为了家庭，却每天都在伤害自己的家庭；你永远都无法懂得面对无数的荣耀与成功却出家了的那个人……

　　因为彼此不懂，一个团队才有了内耗；因为彼此不懂，才会有争吵；因为彼此不懂，才有了分手；因为彼此不懂，才有了痛苦。我们到底应该如何与每一个生命相处？我们到底应该如何存在？我们到底应该如何与一个团队相处？在这个彼此都不懂的世界里，我们到底该去向何处？

　　这个世界，如果只站在自己的角度，我们永远无法读懂，就像你永远都无法读懂我为什么每天写一篇文章来提升我自己一样。别站在你的世界看我,我怕你看不懂。你不懂我的世界,而我永远也无法懂得你的世界。亲爱的朋友们,请你不要试图去读懂别人,因为这一刻你懂了,下一刻你又不懂了,因为每时每刻他都在变化,每一个生命就像孙猴子一样千变万化。不要试图去改变别人,因为他心里在想着该如何改变你。反正别人的世界你永远不懂,不懂、不懂、真不懂!

中国有14亿生命,没有一个是彼此相同的;世界有70亿人口,更没有一个是彼此相同的。每个人都是独一无二的,都有自己的性格特性。这也是宇宙的伟大之处,每一个生命的内在状态都是千变万化的。

怎么办?先去尊重这个生命吧!允许这个生命每时每刻的呈现。我们唯有这样做,才能够给到对方支持。宽恕他人,更是在宽恕自己!唯有这样,对方才能感受到我们的陪伴与祝福。

不断地关注我们共同的目标,唯有用共同的梦想、愿景主宰我们的方向,生活才会和谐,团队才会统一,家庭才会幸福,生命才会富足!

> 外在所认为的威胁,只不过是你内在设置的障碍的一种反映。

第三篇 实现生命的丰盛

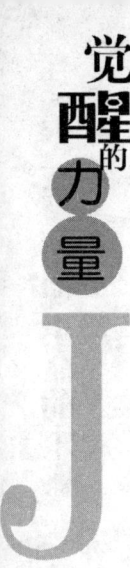

一旦你开始说出真相,你便会开始尊重自己。

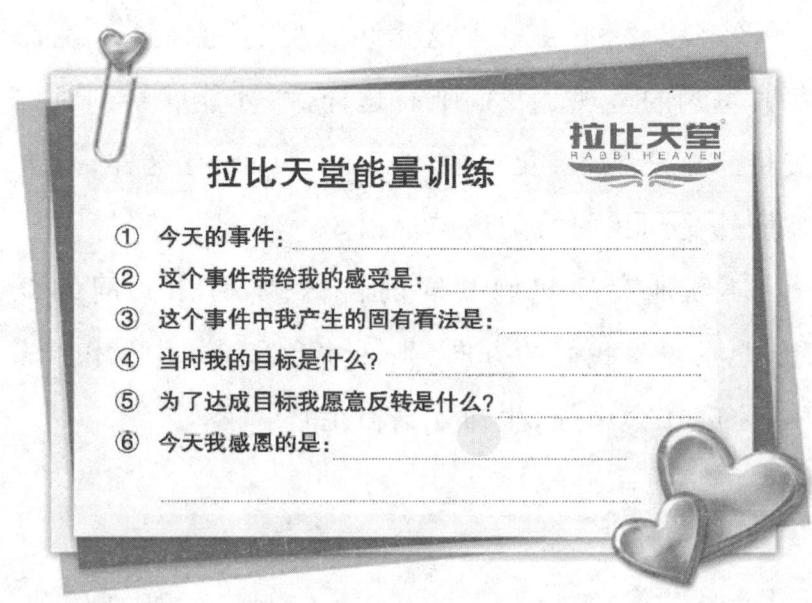

拉比天堂能量训练

① 今天的事件:
② 这个事件带给我的感受是:
③ 这个事件中我产生的固有看法是:
④ 当时我的目标是什么?
⑤ 为了达成目标我愿意反转是什么?
⑥ 今天我感恩的是:

第二篇 实现生命的丰盛

真正的团队是一起经历生命

假如，你团队中的一个成员不断地破坏团队的能量，你会怎么办？假如，你的合作伙伴经常与你不同频，总是很固执，听不进别人的建议，你会怎么办？假如，你的爱人经常不理解你，抱怨你，甚至反对你，你会怎么办？假如，你辛辛苦苦地在一个人身上付出，而他却没有一点感恩之心，总认为你的付出是应该的，你会怎么办？假如，你对团队的要求很高，而他们却总是让你失望，你会怎么办？

你的答案会是什么？也许你会很干脆地说，"开除他"，或者"不与这种人来往了"。也许你会听之任之，也许你会选择逃避，也许你会……不管你的对策是什么，这种事情在你我的生命里永远无法逃脱，因为在任何一个企业和团队、家庭都永远会出现同样的问题。高我意识造人的时候都是同样的生命，只不过每个人突出的特质不一样而已。你和任何一个生命互动都不是与这个人互动，而是在与对方的模式合作互动。任

> 在关系中追求平衡与圆满。

何一个人的身上都会有让你喜欢或不喜欢的特质,这是宇宙法则。无论你我接受或不接受它都存在,任何一个团队都有支持你的人和抗拒你的人!

怎么办?怎么办?怎么办?

唯有等待与陪伴,在等待中包容,等待对方的反转,在等待中宽恕迷失的灵魂,在等待中与他一起去穿越,经历生命。

团队中每一个生命的业力不同,福报不同,家庭背景也不同,生命经历更是不同。所以,这些不同也就造就了每一个生命的自动化习性反应的不同。每一个生命都在无意识中传递着自己的业力,传递着自己的负能量。每一个生命都在自己的角度看世界,很多人都把自己的角度当成了世界的全部。就像盲人摸象一样,每个人都把自己触摸到的大象腿、耳朵、尾巴当成了大象的全部,可是这都不是大象全部的真相。

在我们与团队互动时,往往会出现以下三种模式:

第一种:"我是对的"模式。

这种模式的特点就是每个人都固执于自己的看法,带着掌控与强势的能量和他人互动。这种互动往往给团队带来的是内耗。每个人都身陷于事件,所有人都忘了目标,阻隔了团队的能量流。

第二种:"我尊重你的观点"模式。

这种模式远远比上一种模式要好得多,每个人学会了聆听,学会了彼此的尊重,学会了允许。允许就是让彼此的生命自然的流淌。

第三种:以共同的目标为主宰模式。

这种模式彼此都放下了彼此的观点,放下了自己的执着,以共同的目标为核心,互相为对方加持能量,共同活出包容与感恩,让彼此的生命在团队里面得到滋养。

在任何一个团队里面都会存在这三种模式的人。

所以,一个真正的团队不仅仅要实现梦想,更要一起经历生命。宇宙的真相是,每一个人在这个世界上遇到的烦恼、困惑、问题、成功、失败与挑战都是一模一样的。孩子与大人的困惑是一样的,一样有压力,只不过每个人的载体不一样而已。所以,每一个生命来这个世界上都会遇到同样的问题去修炼,都需要经历同样的生命历程。

真正的团队是要一起经历生命,领导要陪着员工一起去经历员工生命中遇到的酸甜苦辣,员工陪着领导一起去经历领导在生命中遇到的酸甜苦辣;老公要陪着妻子一起去经历妻子生命中的酸甜苦辣,妻子一样要陪伴老公去经历这些。我们一样要陪伴父母、孩子、朋友……

真正的团队是一起去经历彼此的生命历程,经历

> 当临在越强烈时,它便会征服头脑。

彼此生命中的突破与穿越，当彼此不同频的时候，唯有认同及肯定他人的感受才能真正与对方、与团队建立关系。

> 你处于临在时，没有冲突，没有能量的耗损。而能量只会成为爱、慈悲及喜悦……

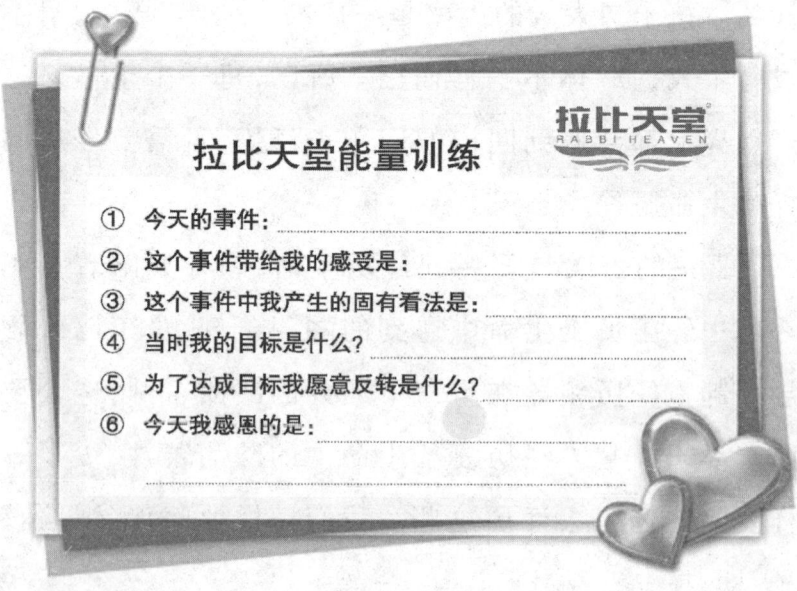

拉比天堂能量训练

① 今天的事件：
② 这个事件带给我的感受是：
③ 这个事件中我产生的固有看法是：
④ 当时我的目标是什么？
⑤ 为了达成目标我愿意反转的是什么？
⑥ 今天我感恩的是：

你的团队该去向何处

我在每一次结束能量教练课程时,都会把学员全部带进爱与感恩的频道。老板感恩员工,员工感恩老板,感恩客户,在一个团队里我们都彼此用爱与感恩去为对方加持能量。就这样,每个生命通过课程就开始了一段新的生命历程。当然,我不知道从这种高能量的场域回到现实中能够持续多久,能够持续多久不是我可以决定的,决定持续多久的是这个团队的源头,是这个团队的领袖!是老板!

在现实生活里,要想团队的能量持续下去,需要老板在公司内部搭建一个持续感恩的场域,否则我辛苦为每个生命叠加的能量将会慢慢地被集体意识消耗殆尽。除非老板把课堂搬到公司,一个公司最大的问题是老板希望员工改变而自己却不改变,员工都在希望老板改变而自己却不改变。很少有人从源头、从自己做起,主动去引发一个高能量、爱与感恩的场域。

我们要想在团队打造一个持续的感恩的场域,首先要清晰的是我们要带着团队最终去向何处?在这个集体意识强大的社会,我们的团队该如何存在,如何活

> 自然而然进行的行动才是正确的行动。

第三篇 实现生命的丰盛

出自己独有的精彩？

　　宇宙能量创造了人类，并且设计了人类要以群居进行生活，一个生命离开群居就不可能独立生存，一个生命没有团队的能量维持便很难走完自己生命的历程。一个真正的团队是一起去经历生命，共同经历彼此生命中的课题。在这个世界上，每一个生命修炼的课题都是一样的，无论大小，无论贫贱。同样要去经历失败，经历孤独，经历挫折，经历困惑，经历伤痛，经历拒绝，经历喜悦，经历幸福，经历闪光时刻，经历失去亲人的痛，经历无奈，经历逃避，经历痛苦的挣扎，经历无法与他人分享的压力，经历被爱的感觉，同样也要经历被别人恨的感觉。

　　一切都要去经历，而生命最伟大之处就在于体验，看破了这些，你就不纠结了。我们唯一能够做的就是默默地陪伴，默默地祝福，默默地祈祷，放下所有的评判，去体验团队里每一个生命的真实呈现。

　　一个团队究竟该去向何处？宇宙能量的属性就是爱，这个世界是靠爱的能量在有序地运转的。每一个生命的本源能量都是爱，每一个生命都是爱的载体，每一个产品也是爱的载体，每一个行业也是爱的载体，唯有让团队的每一个生命都去到爱的源头，带着爱的能量去相互承载、互相滋养、互相力挺，一个团队才可能拥有持久的生命力。

　　你的团队究竟该去向何处？带着相互承载的能量去实现一个梦想，去完成一个使命，让每个生命都在这

> 痛苦或是喜悦的感受是真实的，但是令你痛苦或是喜悦的念头只是幻想。

个梦想的路上体验到一切,体验到生命的意义,体验到生命的神奇,体验到生命的尊贵,体验到生命的富足,体验到被爱的感觉。

亲爱的朋友们,去到爱的源头,成为团队的源头,带着团队成为社会的源头,去打造一个属于你们自己的天堂吧,让团队里的每一个生命都可以在天堂里自由地飞翔,自由地绽放!

> 你的想法取决于你的身体状况。

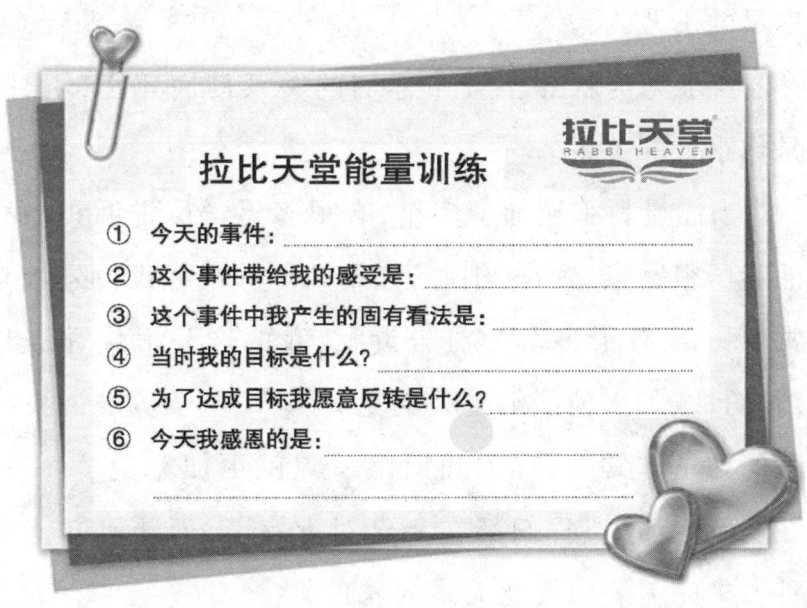

拉比天堂能量训练

① 今天的事件:
② 这个事件带给我的感受是:
③ 这个事件中我产生的固有看法是:
④ 当时我的目标是什么?
⑤ 为了达成目标我愿意反转是什么?
⑥ 今天我感恩的是:

要求完美等于死亡

如果你正在要求你的妻子或老公完美,如果你在苛求你的员工完美,如果你正在要求你的老师或贵人完美,如果你正在渴望你的合作伙伴完美,如果你正在期待你的客户完美,如果你正在祝福这个世界完美,如果你正在要求你的孩子完美,如果你正在要求一个公司或组织完美,那么你们的关系便已经死亡,分离将是迟早的事儿。

要求完美就等于宣布你们的关系彻底死亡,不管是你跟谁的关系。

当能量教练导师十多年,有很多男学员告诉我,我的妻子很贤惠、勤奋、细心,如果她能够理解我,那就非常OK了;有很多女学员告诉我,我的老公很优秀、担当、勇敢,如果他能够爱我就完美了;一些学员告诉我,我的孩子非常棒,如果再听话一点就更加完美了……在实际生活中,我们都在要求对方完美,而殊不知,这种要求完美等于彼此关系的死亡。

我在经历了多年的灵性修行之后才了悟到这一

切,我看到过去的自己是多么无知。我总是要求妻子完美,要求合作伙伴完美,要求员工完美,要求父母完美,要求自己的老师完美……因为我对完美的苛求,过去我辛辛苦苦建立的关系都死亡了,而且有的死得很惨,老死不相往来……当这个关系死亡后,我们又从其他人身上苛求,于是我们的关系就成了黑熊掰玉米,掰一个丢一个。

人类最大的痛苦就是没有安全感,这种不安全感来自于我们与母体的分离。当我们还在母亲肚子里的时候,我们不用为食物、营养等一切发愁。然而,当我们从母体里面出来,却突然发现自己赖以生存的东西全部没有了。这一刻我们第一次深深地体验到了分离之苦。于是,我们每一个生命的潜意识里就深深地渴望着拿回自己曾经拥有的那份安全感,于是我们与他人建立关系以后都渴望着从对方身上找到安全感。而殊不知,对方也在从我们身上找回安全感,于是我们就开始渴求对方完美。

悲哀的是,我们人类永远都不会得到所想象的完美。上帝造人的时候就没有把我们造出这个完美的样子,因为不完美,所以才有了关系,才让我们彼此合作。有了合作,人类的生活才能够运转,否则这个世界就没有办法运转。生命的全部就是关系,我们在彼此的关系中成长,在彼此的关系中修炼,在彼此的关系中相互

> 负荷是我们意识中的一种力量,它粉饰着我们所有的体验。

> 超脱不能被练习，它是自动发生的。

滋养。可是，人类违背了上帝的意愿，每个人不是拼命地去贡献自己拥有的那一部分，而是拼命地想从他人身上拿到自己没有的部分。于是，为了一份安全感，我们开始渴求完美，当发现对方不完美的时候就会得到一份伤害，伤害之后是痛苦，然后选择离开，这段曾经的关系就会宣告死亡。

在我的生命中见到过太多死亡的关系。比如说我们遇到一位大师或者是领导，初次见面，因为他的独到洞见，因为那一刻他活出了一个包容、理解或大慈大悲的人格，活出了一个非常棒的生命状态，而这种人格能够给自己带来深深的安全感，于是我们就把自己分离的灵魂开始寄托到对方身上。而殊不知，当你近距离接触他之后，在很多事情上你会发现他并不完美，并不是当初你定格的那个形象，这个时候，你就开始被摧毁了，这段关系随即便宣告死亡。

这是谁的错？你渴求他能够永远活出那样的人格，他的内在也在渴求你能够理解，活出允许、包容的人格来。你们互相都在从对方那里索取安全感。这么多年，我被很多学员崇拜着，得到了太多的鲜花与掌声。当每一次被学员崇拜时，我的内心都充满了幸福与成就感，可是经过短暂的幸福之后我就开始陷入到了深深的恐惧中，因为我知道自己并不完美。在课堂上我传递的是慈悲、理解、爱心、包容的生命能量，这只能代表我在课堂上活出了自己生命中最优秀的人格，可是我还有其他的人格呢——我也自私，我也挑剔，我也固执，我也强势，我也自大，我也恐惧，我也狭隘……

我是谁？我不是一个人，而是所有人格的集合。我们每一个人都是所有人格的集合体。你是，我也是。所以在以前，我特别恐惧私下里与学员接触，因为学员看到我的其他人格出现了，就摧毁了我们之间这份崇拜的关系。于是，我在生活中努力地打造最优秀的人格呈现于他人面前，可是我很辛苦，因为这样我就失去了真实的自己，这个最优秀的人格就像一个巨大的牢笼一样把我困住。我的能量在被它消耗。

现在了悟了这一切，我的内心便充满着喜悦与放松。允许对方的不完美，允许这个世界的不完美，才能够真正活出生命，自己建立的关系才能够恒久。让自己接纳对方的不完美，去体验对方的不完美，去深深地享受对方的不完美，如是地与不完美在一起，如是地与对方那一刻活出的人格在一起。这样，你我的生命才不会受伤，才不会死亡；这样，我们的生命才能够真正精彩……

渴求自己完美等于宣告自己死亡；

渴求对方完美等于宣告关系死亡；

渴求家庭完美等于宣告家庭死亡；

渴求团队完美等于宣告团队死亡；

> 如果你充满了热情，宇宙意识会联合所有，默默地给予你你所追求的。

渴求生命完美等于宣告生命死亡。

朋友们,你看到这里,还有勇气去疗愈曾经已经死亡的关系吗?

> 一旦你开始说出真相,你便会开始尊重你自己。

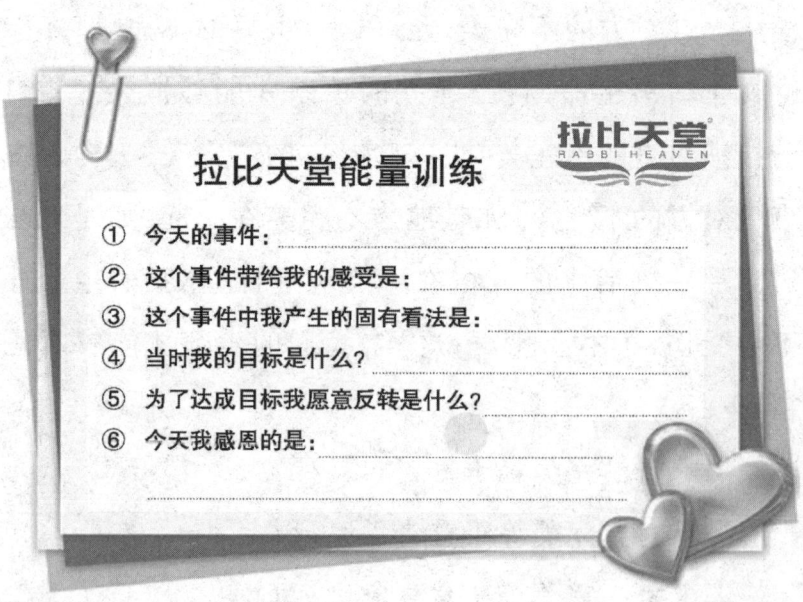

拉比天堂能量训练

① 今天的事件:
② 这个事件带给我的感受是:
③ 这个事件中我产生的固有看法是:
④ 当时我的目标是什么?
⑤ 为了达成目标我愿意反转是什么?
⑥ 今天我感恩的是:

第四篇

用宇宙能量主宰世界

宇宙能量到底会支持谁

当头脑安静了，你就会听从自己的内心。

宇宙能量是什么？是宇宙的能量源。这个能量源我称之为"宇宙能量"或"高我意识"，就像我们的能量源是父母、父母的能量源是祖先一样，我们把能量源称为"父母"，这个能量源还可以称为天道。

我总是在想，我们生活在一个地球业力超强的磁场里，我们每天都会被地球业力所牵引与制约。面对正义与邪恶，面对和平与战争，面对善良与仇恨，面对正能量与负能量，面对冲突与合一，面对战争与平和，宇宙能量到底会支持谁？宇宙能量创造了这个伟大的世界及不同的次元空间，就像父母创造了伟大的孩子。宇宙能量的出发点一定是希望每一个生命活得更好，活出精彩，一定是希望宇宙里的每一个生命都充满着爱的能量。宇宙能量在每一个生命身上都倾注了无穷的爱，就像每一个父母在每一个孩子身上倾注的爱一样。

可是，宇宙能量没有想到的是每一个生命的性格不同，每一个生命的起心动念不同，每个生命所背负的业力不同，每个生命的能量层级不同，所以造就了邪恶、仇恨、冲突、战争，让宇宙本来的源代码彻底错乱，因为错乱会引发更多的冲突。面对这些冲突，宇宙能量会支持谁？我可以肯定的是它会支持正义与善良，会支持那些为了和谐与爱奋斗的生命。为什么？因为宇宙能量创造世界的出发点不是为了冲突、战争，而是为了爱，为了和平。就像父母创造孩子不是为了孩子之间进行战争一样。在这个过程中，一定会出现一批卓越的生命，为了净化万物而挺身而出。他们来到地球的目的就是为了净化万物，这和宇宙能量渴望做的事情高度同频，所以宇宙能量一定会支持这些卓越的生命。邪不压正的背后是有宇宙能量的支持及力挺的，所以当你的生命目的和宇宙能量渴望做的形成了一致，回归到了宇宙本来的源代码序列，那么就一定会得到高我意识的庇护与加持。因为宇宙能量爱每一个生命，不想丢掉每一个孩子

　　纵观历史的变迁，每一个改变历史的大人物都得到了宇宙能量的支持，他们接通了宇宙能量，能够受到引领，所以才有了爱与和平。我们在生命中如果做一些公益事业，那么宇宙能量一定会支持。宇宙能量渴望和平，渴望每一个生命底层活出爱与感恩的力量来，宇宙能量渴望你去拯救那些迷失的灵魂，渴望所有的生命永恒。

　　宇宙能量到底会支持谁？只要我们在净化万物，成就生命，使宇宙能量辛苦打造的世界变得更好，宇宙

> 真理是你所想到的，而真相则是看到实际上发生了什么。

第四篇　用宇宙能量主宰世界

能量就会无条件地支持与力挺,宇宙能量会赐予我们无比的能量,让你我完成梦想。宇宙能量,我爱你,与你在一起!

> 我们不接受我们自己,因为我们还没有准备好看清自己。

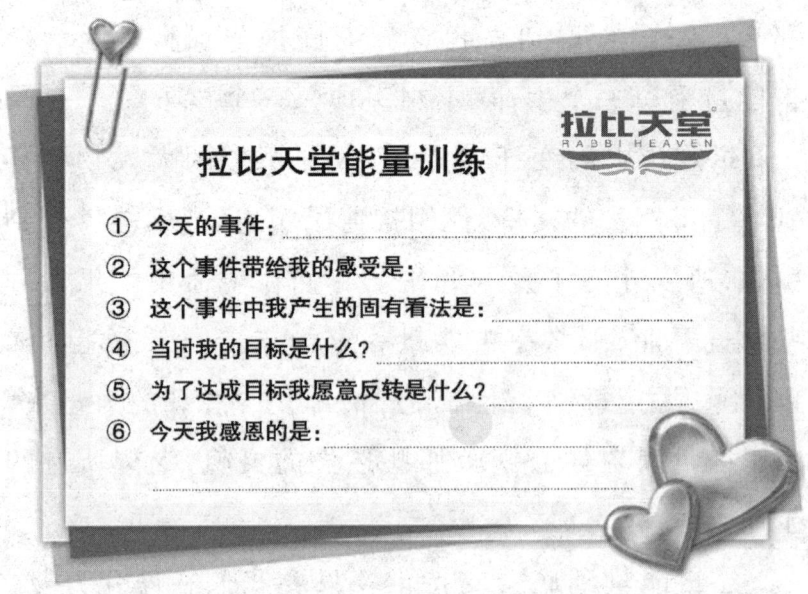

拉比天堂能量训练

① 今天的事件:
② 这个事件带给我的感受是:
③ 这个事件中我产生的固有看法是:
④ 当时我的目标是什么?
⑤ 为了达成目标我愿意反转是什么?
⑥ 今天我感恩的是:

第四篇 用宇宙能量主宰世界

你的能量决定你的销量

> 我们所有人都在睡梦中,而同时我们也是清醒的。

我们所经历的昨天已经成为过去,明天已经开始成为我们生命的一部分。此刻,你在干什么?你可能正在总结今天的得与失,你可能正在制定明天或明年的宏伟计划及梦想。也许你昨天过得并不满意,正在准备翻盘。也许你今天非常满意,正在准备大干一场!也许你正在困惑,我该怎么办,我和我的企业团队该去向哪里?去年的业绩不好或财富不理想,我的问题到底出在了哪里?

我和你一样在探索这些东西:我们的财富数据到底该如何才能累积倍增?我们的市场到底如何才能扩大?我们的团队如何才能更加合一?我们产品的销量到底该如何提升?我相信,为了把这些东西搞清楚,你一定正在制定完善的营销方案或者正在制定一些计划。当然,这些东西是很重要的、必须的,但是如果你把所有焦点都放到了这些东西上面,你的今天将注定与昨天一模一样!你依然还在过去的因果轮回里面,你依然还在被过去的很多东西牵绊着、束缚着。在今天这个起点上,你的结果已经被注定。

当没有抗拒时,能量就被保存了下来。

那么,我们到底应该怎么办?

我们很多人都在外在的世界进行着定位与修正,外在的所有的计划和营销方案都只是一个行为方式而已,要想让外在的这些东西产生巨大的效应,完全取决于你内在系统的定位。因为你的内在世界决定了外在的一切,你内在的起心动念决定了外在所有结果的发生。

我在过去的3年里创造了许多不可思议的成果,这几天在为自己做一些总结。因为在年初的时候,我把这一年定位成为我的"感恩年",我的内在世界定位是感恩的能量,所以感恩的能量在引领我整个一年的成长及所有的行为,我自己所承载的能量已经决定了即将拥有的结果。

你的财富数据和你的产品销量完全取决于你的能量等级,取决于你为这个产品所承载的能量。比做什么更重要的是你在带着什么样的起心动念做事情、做企业、做销售、经营你自己。

要想让你的明天不一样,就必须让你的内在不一样,就必须完全打破你在昨天的所有思考惯性及信念系统,让你的价值观去引领自己的成长及发展,而不是你的计划与营销方案。

宇宙能量创造我们的目的不是让我们去追求安逸的生活,而是追求我们内在品格的成长,我们做所有事情都是为了让你我的生命品格更加卓越与完善。你的能量决定了你的销量,你的模式也决定了你的销量,你销售产品的起心动念更是决定了产品的销量。常说人算不如天算,人算和天算只是能量层级的不同,我们的能量层级决定了一切,决定了所有的外在世界。

打造一个坚不可摧的内在力量,才能真正让我们的灵命开始成长,我们的灵命觉醒与成长才真正是我们使命与事业辉煌的开始。

第四篇 用宇宙能量主宰世界

> 感恩是最高级的感情。

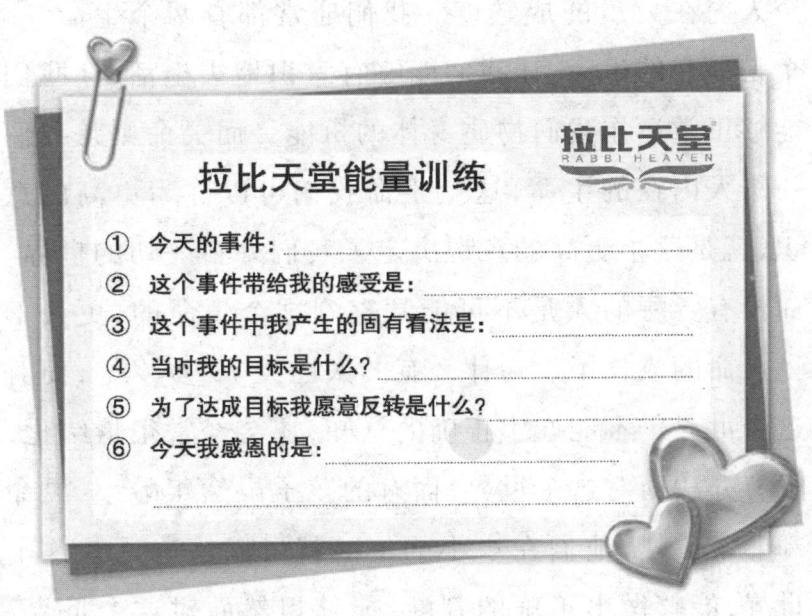

拉比天堂能量训练

① 今天的事件:
② 这个事件带给我的感受是:
③ 这个事件中我产生的固有看法是:
④ 当时我的目标是什么?
⑤ 为了达成目标我愿意反转是什么?
⑥ 今天我感恩的是:

灵命成长,能量才会成长

对于一个觉醒者来说,会有欲望但却没有苛求。

假如此刻我问你,在你的生命中什么是最重要的?你会怎样回答我?也许你的答案是家庭最重要,也许是事业最重要,也许是财富最重要,也许是健康最重要,也许是朋友最重要,也许是活出自己最重要,也许是爱情最重要,也许你还有别的答案……

什么是灵命?也可以称其为灵商,这里指的是一个人内在力量的成熟度。我们通常都有两个生命,一个是外在的生命,让我们能够有意识地去生活,让我们能够正常运作我们物质身体的机能。而灵命则是我们一个人内在的生命,这个生命我们可以称为更高的意识,就是这个更高的意识决定了我们外在一切的世界。而没有觉醒的人是不可能觉察到这个生命的,更谈不上灵命的成长了。为什么有的人已经70多岁了,而对这个世界仍不能产生正确的认知,还会经常很情绪化,没有办法面对这个世界;而有的孩子虽然年龄小,灵命却非常成熟,他们在小小的年龄就可以正确认知这个世界,能够做出正确的判断,能够坦然面对这个世界,非常有承载力。这就是灵命的不同,我们人与人之间最大的区别从本质上讲就是灵命的不同。

我们很多人内在的灵命都是不成熟的,甚至根本就没有觉醒,一个没有成长的灵命根本无法与这个宇宙万物进行连接,更谈不上成功了。而唤醒灵命,使它开始成长,就首先要唤醒我们内在爱的力量。

在我看来,这一切也许都是很容易的。宇宙能量创造了这个世界与人类,宇宙能量的属性就是爱,因为爱才创造了这个世界,所以被宇宙能量创造的每一个生命中都拥有爱的能量、爱的属性。是爱让这个世界上的万物都能够连接起来并得到延续。能够把生命中所有的一切连接起来的唯有爱,每个人任何行为的背后承载的动机都是爱,你恨一个人的动机也是爱,因为太在乎了,就生恨了。伤害他人的行为背后所承载的是对自己的爱。每个生命都在用自己的方式爱着,只不过有的方式是极端的,是行不通的。

从宇宙的角度看这个世界,是爱的能量把这个宇宙有效地运转了起来,所以每个生命来到这个世界唯一的目的就是学习爱、传递爱、传承爱。只不过我们每一个生命传递爱的通路不一样,我是通过教育行业,你是通过装饰行业,他则是通过销售行业……每个人传递爱的载体是不一样的,但是传递的永远都是爱。我们唯有把爱传递才能真正拥有生命的意义,活出生命的价值来。

而要想传递爱,我们首先应唤醒自己内在的这份爱的能量。我们都拥有宇宙能量赋予的爱,但有很多

第四篇 用宇宙能量主宰世界

集体意识会根据物种表现出来。对于蚂蚁会像蚂蚁,对于人类会像人类。

人，由于活在集体意识中，于是把这份爱的属性屏蔽掉了，所以一个生命本能里爱的能量沉睡了！而唯有唤醒它，才能有效地把其传递出去，对你我最重要的是去唤醒自己灵魂深处沉睡的爱，然后把它通过你的载体传递出去。这是你我一生中最重要的，天下没有比这更重要的事情了。

学会唤醒自己内在沉睡的爱吧，让自己内在的灵命开始觉醒与成长，这是我们每一个生命的终极使命！

当我们接纳自己、爱自己的时候，其他的就不再是问题了。

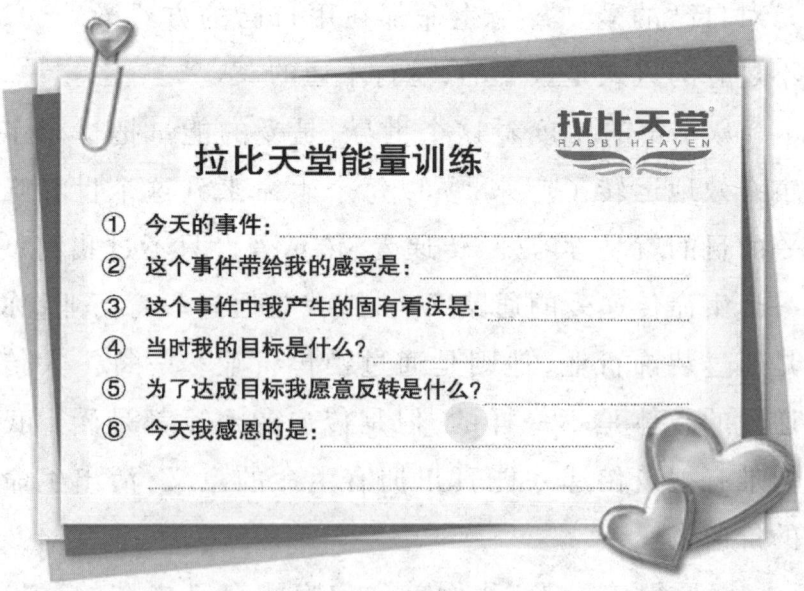

拉比天堂能量训练

① 今天的事件：
② 这个事件带给我的感受是：
③ 这个事件中我产生的固有看法是：
④ 当时我的目标是什么？
⑤ 为了达成目标我愿意反转是什么？
⑥ 今天我感恩的是：

灵商,我拿什么来开启你

人生永远都是一场灵性的游戏。一个生命灵性能量的高低,决定着其外在创造的财富及成就。可是,我们很多人的灵性都没有被开启,心中的巨人没有被唤醒,所以每天都忙忙碌碌地活在表面上、活在疲惫焦虑里、活在对与错当中。不知道为什么而活,为什么而做,大都活在外在的物质世界,在外在的世界索取着自己内在欠缺的爱、索取着别人的认同,期望着别人的肯定与嘉许,用强势霸道及自以为是来保护着自己脆弱的自尊。

每天聆听不到自己内在的声音,触摸不到自己内在的感受,麻木地过着每一天,这是一个可怕的生命轮回。当一个生命的灵性开始被开启的时候,这个生命才能够开始解脱,灵魂才能真正获得自由。

可是,亲爱的灵性,我拿什么来开启你?

宇宙能量创造了伟大的宇宙万物,宇宙能量已经为人类设计好了这一切,让我们在创造成果中进步,让人类在创造成果中发展,在创造成果中开启灵性。唯有成果才能令人喜悦,唯有成果才能为我们叠加能量,唯有成果才能开启灵性。一个人达成目标的过程就是开启灵性的过程,开启灵性的过程也是达成目标的过程。

第四篇 用宇宙能量主宰世界

> 自我在你的每一个活动中,每个念头、言辞、行为……

当能量累积到足够多时,奇迹就会发生;当奇迹累积到足够多时,灵性就会开启。我用自己的生命验证了这句话,验证了这个宇宙法则。

成果分为两种:即有形成果和无形成果。当你于外在的世界拿到一个成果,不管是有形的还是无形的,一定是内在灵性作用的结果。只要你能够带着对灵性的信任、带着觉察静下来,你便一定能够找到自己内在的"灵"。感恩它,你的灵性就会不断开启,而只有灵性被不断开启,你的成果才会不断出现。

每一天在你的生命里从来都不缺奇迹,只是你把宇宙给你的礼物当成是理所当然的,当成是应该的了,所以一个不懂感恩的人自然发现不了奇迹,同样也创造不了奇迹。

唯有感恩,才能接受到恩典。

唯有感恩,灵性才会被开启。

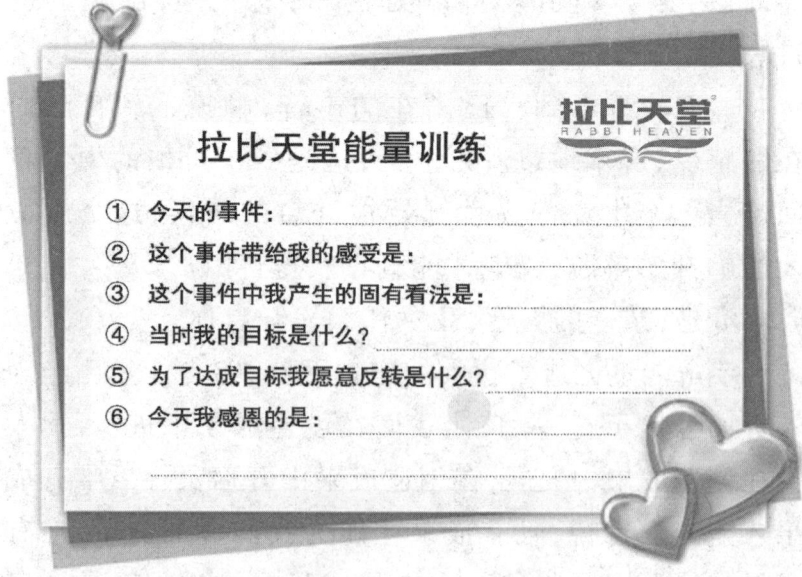

拉比天堂能量训练

① 今天的事件:
② 这个事件带给我的感受是:
③ 这个事件中我产生的固有看法是:
④ 当时我的目标是什么?
⑤ 为了达成目标我愿意反转是什么?
⑥ 今天我感恩的是:

第四篇 用宇宙能量主宰世界

我们到底为什么活着

每当站在灯红酒绿的繁华都市,站在炊烟袅袅的乡村,站在迪拜世界第一高楼的楼顶,或是坐在一望无际的海边,坐在无与伦比的豪车内,又或者是躺在世界上最豪华的七星帆船酒店,或是躺在乡下朴实的小屋中看星星时,我的内心经常会冒出一个问题:我为什么会来到这个世界上,我到底为什么活着,我到底应该怎样活自己的一生?

我曾经以为自己是为了父母的期望而活着,于是我拼命地努力,让父母因为我而感到荣耀,但是当我满足了父母的期望之后却失去了生命的动力;我曾经以为自己是为了让家人过上幸福的生活而活着,于是我努力地让家人衣食无忧,然而当我的家庭幸福之后,我的能量却停止了跳动;我曾经以为自己是为了名利而活着,我不顾一切地追逐名利,然而当我拥有了无数的鲜花和掌声,当我已经实现了财富的自由、获得了名利时,我却陷入到深深的迷茫与空虚中;我曾经以为自己

> 倾听是一门在全然的专注中发生的艺术。

是为了孩子而活着,然而健康卓越的孩子却让我无所适从;我曾经以为自己是为了人生更加精彩而活着,然而当我的人生创造了一次次精彩之后,便再也找不到新鲜感,身心疲惫;我曾经高调地告诉这个世界,"我要支持无数的生命去改变",然而当我遇到障碍与伤害时却开始怀疑这个目的,面对不同的误解,我却经常选择驻足观望。

我到底为什么而活着?

我到底为什么而活着?

我到底为什么而活着?

谁能告诉我答案?

老天非常公平,这个世界上最公平的事情就是无论你多么富有、多么权贵、多么幸福、多么贫穷、多么卑微,最后统统都会化为灰烬。在死亡面前人人平等,生死就在呼吸之间,可是这生死之间却让我们需要通过几十年的时间去经历。在这一呼一吸之间我们需要经历的太多太多……

我们到底为什么活着?在苦苦的追求之后,我猛然发现我们活着的唯一目的就是要把自己打造成宇宙能量的样子,去传递宇宙能量的思想,像宇宙能量一样去爱,去完成宇宙能量创造自己的目的,去变成宇宙能量的样子,然后去荣耀宇宙能量的精神!

> 合一不是个概念,它是一个实相。

第四篇 用宇宙能量主宰世界

> 人类的胜利在于向宇宙意识臣服。

宇宙能量精心在我们身上装备了无数的独门武功与才华,让我们拥有了无数的生命智慧,让我们的身上拥有独一无二的天才,让无数的贵人出现于我们的生命里。原来是让我们去践行宇宙能量的理念与精神,去活出爱的天性,为这个世界贡献自己独有的天才与智慧,最后成为宇宙能量的样子。也许这需要一辈子,也许这需要生生世世,但不管怎样,我们总算是有了活着的方向。在我们遇到障碍与挫折时,能够与宇宙能量对话,向宇宙能量求救。

宇宙能量让我们通过不同的方式去成长,让我们内在的灵命更加成熟。然而,让我们内在的灵命更加成熟并不是最终目标。我们成长的最终目标,是更有力量和更有能力去为这个世界付出与奉献,更加快速地成为宇宙能量的样子!

宇宙能量希望用我们来改变世界,宇宙能量通过我们的职业、我们的行业和我们的工作去完成每一个生命的救赎,完成每一个生命的塑造。我们能够活多少岁已经不重要,重要的是我们该如何活着,该如何像高我意识一样去把自己奉献给这个世界。

虽然我们无法选择不死,虽然我们无法改变自己生命的结局,但是我们可以选择不同的活法,努力成为宇宙能量的样子。带着宇宙能量的能量,去付出、奉献给这个世界吧。

这是我们活着的唯一目的，这也是我们能够与自己内在的宇宙能量连接的唯一方式。我们为什么活着？活着就是要改变世界！把世界改变成为宇宙能量希望的样子，改变成为所有人都希望的样子！

你为什么活着？在从生到死这段生命旅程中你该如何活着？这是你我一生都要去探索与践行的功课。

我们活着的唯一目的就是展现宇宙能量的属性，用爱与感恩的意识去唤醒每一个沉睡的灵魂！

> 当你爱别人的时候，你事实上只是为了爱你自己。

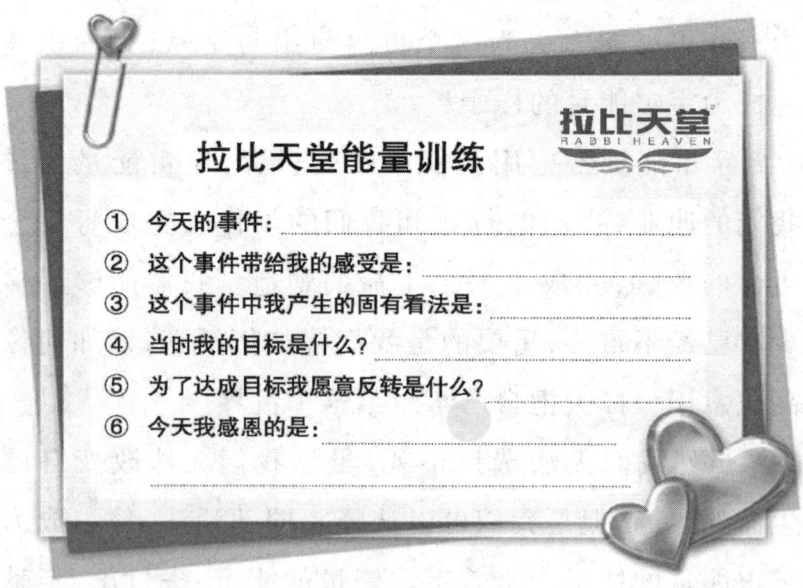

拉比天堂能量训练

① 今天的事件：
② 这个事件带给我的感受是：
③ 这个事件中我产生的固有看法是：
④ 当时我的目标是什么？
⑤ 为了达成目标我愿意反转是什么？
⑥ 今天我感恩的是：

第四篇 用宇宙能量主宰世界

改写你的生命程序

这个世界是由什么组成的？是由每个人的故事组成的。而我们的人生又是由什么组成的？是由我们自己的故事组成的。我们每一天都有自己的故事，每个人都在经历着自己不同的故事。然而，故事有很多版本：有喜悦的，悲伤的，愤怒的，幸运的，幸福的……

你我的故事，反映了你我的内在世界。

然而，每个故事是如何发生的？每个故事的发生早已是天注定的。这个"天"就是指我们内在的既定生命程序。最近，在我的生命中发生着很多喜悦的故事、很多愤怒的故事以及很多伤心的故事——这个世界上没有无缘无故的爱，也没有无缘无故的恨，更没有无缘无故的发生。

与大家分享一个我在国外游学时发生的真实故事。经过28天的灵修，我在痛苦与挣扎中度过了每一天，我是强直性脊柱炎的患者，这个病是因为风湿引起的，我非常怕冷，然而课堂上冰冷的空调每一次都深深地把我摧毁，在开始的时候我就很渴望结束。课堂对他人而言是灵性大餐，而对我则确实感到是"百年不

> 当内心没有冲突的时候，就不会有能量的损耗。

遇"的灾难。

在冲突与纠结中我顽强地坚持着，没有人能够体会到我的痛。

终于，咬着牙坚持到了最后，该准备回家了。当时在街上，我身上只带着500卢比，刚好有一个美国的志愿者在卖书，我很自然地把500卢比给她，拿起那本500卢比的书。这时，意外发生了，她竟然说我没有给她钱，然而她的手里正拿着我刚刚给她的500卢比。我指了指她手里的500卢比，说是我给的，她却说那500卢比不是我给的……朋友们，这个时候，如果是你，你会崩溃吗？

我是个凡人，自然开始了愤怒。然而，愤怒并不能解决问题，没有证人，最后我只能"哑巴吃黄连"。回到宿舍，我愤怒地问我的宇宙能量：为什么她无缘无故讹我500卢比？为什么她不尊重我？过了一会儿我才听到一个声音：你从来都没有尊重过自己呀！我内在的一个"我是不被尊重的程序"制造了一个外在世界的讹诈惨案！

如果你想知道自己将成功还是失败，别人会不会爱你、批判你或误解你，想知道你是否接受了丰盛的恩典，或是个不被神眷顾的孤儿，想知道你的身体是健康还是多病，想了解这一切，你只需往内在看，去看一下自己的生命程序，因为你的内在世界已显化为外在世界。你我内在的生命程序注定了这一切的发生。

有个少年，眼眶盈满泪水地问一位灵修大师："没有人爱我,我觉得好孤独、好痛苦。"

大师慈悲地看着他,柔声问道:"先不管别人爱不爱你,你爱你自己吗?"

在了解大师话里的含义之前,先问自己一个问题:当你站在镜子前发现头发乱了时,你会梳理谁的头发?是镜中的影子,还是你自己的头发?

少年总是不满意他的外表,不接纳自己,而问题其实出在他自己身上。通过大师的指点,他明白他正与自己对抗,而不是与外在世界抗争。

检视一下你的现状吧!

有多少人觉得生活中的一切都非常顺利,周遭的每件事都在对的时机,以正确的方式发生?你不需要立即回答,先进入内在,看看生活中的各个层面——工作、学业、健康、人格与人际关系等。你是个友善、人际关系良好的人吗?当你对专家发表演说、与老板相处时,你有自信吗?你拥有良好的专注力吗?

若你觉得自己的生命遭遇了不必要的障碍,或者对人际关系不满意,你认为问题出在了哪里?是文明与社会的问题,还是政府与教育政策的问题?是因为父母没有给你足够的支持,或者问题出在了你自己身上?该怪谁,难道该怪罪于上天吗?你会怎样回答?

外在世界,不过是内在世界的反映,既定的生命程序决定了一切的发生。

你生命中所遭遇的事件与人际关系反映了你的内在情况。现在大多数医师都同意,人类的大部分疾病

> 当念头与想法静止时,你会发现合一。

与内在的宇宙意识交谈就是祈祷。

起因都是身心失调,而其余的人类问题也是如此。

有段时间在我的生命里发生了很多事情,我的导师让我去觉察,我深深地发现自己的内在一直都是一个受害者角色,当一件事情发生之后,我的第一反应竟然是抱怨与指责,而没有达至理解和包容的频道。而当我成为一个受害者之后又会变成一个加害者。受害、加害、再受害……成了我生命中的既定程序。

我不断地创造自己的外在世界,以为外在世界是独立于内在世界而存在的。比方说,我们在无意识中已经设定了"我会失败"的程式,它认为你永远不会成功,也不应该成功,接着就会发生这样的事情——你去应征一份工作,结果你的无意识与其他人的无意识接触了,它们之间有着某种"网络"连结,于是,面试你的人毫无理由地决定不给你这份工作。你内在发生的事就这样如实地创造了外在世界,它是非常强而有力的,这就是为什么你会得到自己所恐惧与憎恨的事物的缘由。

我们大多数人的内在都是这样的程序——我是不够好的,我是被抛弃的,我是贫穷的,我是不值得被爱的,我是需要努力才能得到的,我是没有胸怀的,我是做不到的,我是会被拒绝的,我是被别人看不起的……这些既定的生命程序已经注定了外在世界的呈现。而如果我们不去修改生命程序的话,这个世界不会因为我们的拼命与努力就会让我们得到。要想让自己的生命更加精彩,唯一的选择就是改写生命程序。

我本来就该拥有丰盛的人生，我的内在本来就该幸福，我本来就该富有，我本来就该拥有健康的身体，我本来就该拥有尊贵，我本来就该拥有他人的保护，我本来就该遇到贵人，我本来就该被他人尊敬，我本来就该得到他人的祝福！

第四篇 用宇宙能量主宰世界

留住宇宙唯一的是在心里。能宇宙意识的方是你的里。你能住意一方。

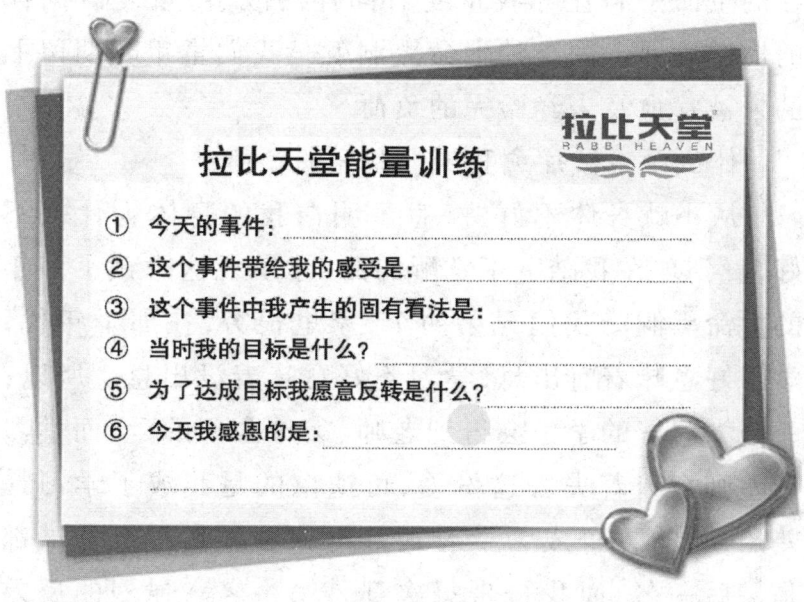

拉比天堂能量训练

① 今天的事件：
② 这个事件带给我的感受是：
③ 这个事件中我产生的固有看法是：
④ 当时我的目标是什么？
⑤ 为了达成目标我愿意反转是什么？
⑥ 今天我感恩的是：

疗愈自己的生命黑洞

当外在世界对你造成深深的伤害时,你需要做的不是抱怨、愤怒,是首先疗愈自己内在的生命黑洞。当你辛辛苦苦培养的员工背叛了自己,当一个合作了很多年的朋友因为利益和你恩断义绝,当你苦苦爱恋的人无情地离开了你,当你最信任的人欺骗了你,当你在生活中失去了一切,此刻,你应清醒地觉察到,你要疗愈的不是对方,而是自己,疗愈自己生命中的黑洞。内在的生命黑洞让你我重复着同样的故事,重复着同样的周遭境遇。而这种生命黑洞就是我们童年时期留下的未被疗愈及未经验完的负荷。

什么是未被疗愈和未经验完的负荷?

从小就身体不好,一直不明白我的身体为什么不好,直到现在我踏上了觉醒的路,才发现这隐藏了多年的生命黑洞。我们兄弟两个,家里很穷,在那个年代,学习好意味着有出息,学习不好意味着没出息。所以,一个学习好的学生会得到老师、父母全部的爱,而学习很差则意味着失去这份爱,可遗憾的是我成了学习最差的,我的哥哥成为学习最好的那个。我每次考试都是最后一名,而我哥哥每次都是第一名。强烈的反差对比,使父母的爱全部开始向哥哥倾斜。每一次父母

> 当你有内在诚信的时候,恩典会更快地降临。

用哥哥来打击我、教育我的时候，我的内心深处都感受到了深深的痛苦，而这种痛苦无法释放、无法倾诉，更没有人帮我疗愈。这就叫未被疗愈和未经验完的负荷，这种负荷的沉淀就形成了生命黑洞。

在父母不断的比较中，我深深地受着伤害，内在产生了强烈的"不被爱的感觉"。我是不被爱的，可是我的内心又在渴望爱。我已经无法通过学习成绩得到，但是偶尔的一次生病，让我体验到了父母深深的爱，于是内在的小我就为这种状态贴了个标签——"只要我生病就会得到爱"。在不知不觉中，这份记忆被沉淀下来，沉淀到了自己看不见的角落里，于是我的生命就陷入到病痛的轮回——生病就会得到爱，感受不到爱就生病。

在我们童年的经历中，这种生命的黑洞太多太多，而这种生命的黑洞会不断通过外在世界的事件投射出来。每一件事情都折射着你的信念模式，而每一个模式的背后都是其中的一个生命黑洞。所以，当外在世界对你造成伤害时，最需要疗愈的是你自己，去埋怨社会、报复他人没有任何意义。唯有当我们看到那个受伤的核心，看到那个未经验完的负荷，我们才有可能去释放及疗愈。那么，如何才能释放并疗愈这种负荷呢？

第一步，从发生的外在事件深深地切下去，在事件中找到自己的情绪与念头。

第二步，从这些情绪及念头深深地切下去，找到造成这些情绪的生命黑洞与源头。

第三步，面对那个负荷去经验，深深地去经验和

第四篇 用宇宙能量主宰世界

> 你需要以积极的情绪来面对种种挑战。

释放。

第四步,对那个负荷的源头说100遍:对不起,请原谅,谢谢你,我爱你。

第五步,深深地感恩与转化。

所以,当你评判、批判,从他人身上找错误时,那个最需要疗愈的就是你自己。我们的世界就是我们的限制,让我们从外在的事件和关系中去发现自己是谁、自己的生命黑洞是什么,为发生的一切负起责任来吧!他人只是一面镜子,通过镜子便能够映射出分裂的自己和不能面对的自己。

从自己身上看别人,从别人身上看自己!

宇宙意识是"一",但却以"多"显现。

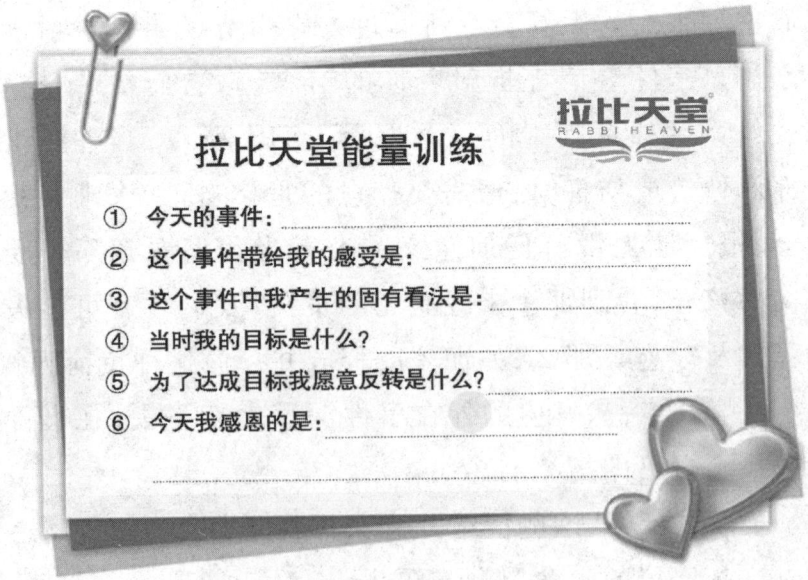

拉比天堂能量训练

① 今天的事件:
② 这个事件带给我的感受是:
③ 这个事件中我产生的固有看法是:
④ 当时我的目标是什么?
⑤ 为了达成目标我愿意反转是什么?
⑥ 今天我感恩的是:

你的灵魂到底要什么

你每天都在设定目标吗？最近你的目标与梦想是什么，是提升企业业绩、买一辆豪车、一栋豪宅，还是家庭幸福？是升职加薪，还是成为销售冠军？是开一个成功的招商会，还是追求自己灵性的成长？是成功地做好这个项目，还是经营好这个生意？也许你根本就没有目标与梦想！

我今天探索的关键不是你的目标是什么，而是一个人在设立目标之后为什么达不成目标？我们大多数人都在一个模式的轮回里循环，那就是设立目标，行动，失败；再设立目标，再行动，再次失败……也许你正在努力地为自己的梦想而全力以赴，也许你为了达成目标正在努力地改变自己，也许为了达成目标你正处于恐惧与焦虑当中。实际上，当你为了一个梦想和目标不得不改变自己的时候，这并不是你内在的灵魂想要的，而是你头脑中的渴求。我们大多数人都活在自己头脑的需求里，而没有活在自己的灵魂里。

去年我的一个学员给我打电话，兴奋地告诉我，他设立了101个梦想，他兴奋地分享着自己的梦想，每一

> 你的程序给你立场并让自己卡在你的观点里。

个梦想都很大,豪车,豪宅,甚至是改变世界的伟大使命。我静静地聆听着他的梦想……他分享完之后,我的教练开始了……

我问他:此刻你内心的感受是什么?

他说:内心非常激动!

我问:如果你的梦想都实现了,你会怎样?

他说:我会有成就感,我要让所有人都知道,我是最棒的!我终于证明了自己的价值!我得到了生命的尊严!在世界上再也没有人瞧不起我!会有很多人仰慕我的成功,在我的朋友亲人面前我会很有面子……

各位,此刻如果你是他的教练,你听到了什么?接下来,你会如何教练他?

我问他:假如你的梦想没有实现该怎么办?

正在兴奋状态中的他,好像被我浇了盆凉水。

他说:那我就会非常痛苦……

我说:所以你为了不痛苦,就一定要实现梦想,对吗?

他说:是的。

我说:所以,这些梦想真正给你带来的是压力还是动力?

他说:是压力……

我说:你此刻应该真正静下心来问问自己,这些梦想和目标是你头脑中想要的还是你的灵魂想要的?

如果是头脑想要的,那么这些梦想每天带给你的就是压力、恐惧、焦虑……而如果正是你灵魂深处想要的,

当能量静止时,喜悦会自然降临。

第四篇 用宇宙能量主宰世界

那么你一定不会在乎最后的结果,你不需要拼命地去改变自己,你会与自己的心在一起,每天去享受活在自己梦想里及灵魂里的那份美好感觉。我们头脑的其中两个特质就是证明与求认同,我们的头脑会通过无数个目标和梦想来满足这两个特质。在头脑的世界里,头脑永远不会满足,只会让我们不断地向外求。有求必苦,无欲则刚。当这个梦想是为了证明或求认同的时候,结局似乎已经被注定。你会带着恐惧与焦虑上路,即使完成了这个梦想,带给你的也一样是痛苦。因为当你达成这个梦想之后,你会发现自己永远都不够满足……

而如果这个梦想是你的灵魂想要的时候,那么一切都会不一样——完不成,没有担心,没有恐惧,不需要去证明,不需要求认同,不需要努力地改变自己,不需要全力以赴,不需要弥补自己的缺点及短板;只需要活出自己的天赋和自己最擅长的部分,只需要活在自己内在的满足感中,只需要活在自己的灵魂里,与任何人都无关,跟自己的心在一起,静静地聆听自己内在高我的指引,活在当下的每一刻,让每一刻都能够感觉到富足与喜悦,没有任何的外在牵绊,这才是真正活出了生命。

此刻问问自己,如果在实现梦想的路上,此刻你感受到的压力很大,非要改变自己不可才能够达成,那么这一定不是你的灵魂深处想要的,不是你灵魂的呐喊,而是你的头脑让你在经历轮回之苦。

如果此刻你正在享受着自己的梦想旅程,没有压力,

> 当你完全诚信的时候,你会成为这个世界上非常适合生活与成功的伟大存在。当你对自己完全诚信的时候,你会成为这个世界上非常适合生活与存在。

没有恐惧,很喜悦,那么这一定是你的灵魂想要的。跟着你的心走,你就永远不会迷失方向,让你迷失的永远是你的头脑。头脑的证明,头脑的求认同,头脑的渴求,头脑的追求完美,头脑的评判,头脑的比较,头脑的控制,头脑的抗拒会让我们彻底迷失,多少人因此而迷失了一辈子啊!

我们唯一要做的就是从头脑中解脱,唯有解脱才能聆听到心的声音,而听到了心的声音,你就可以活在自己的灵魂里、活在自己的生命里。

> 当你极度以自我为中心的时候,你会受缺乏理解之苦。

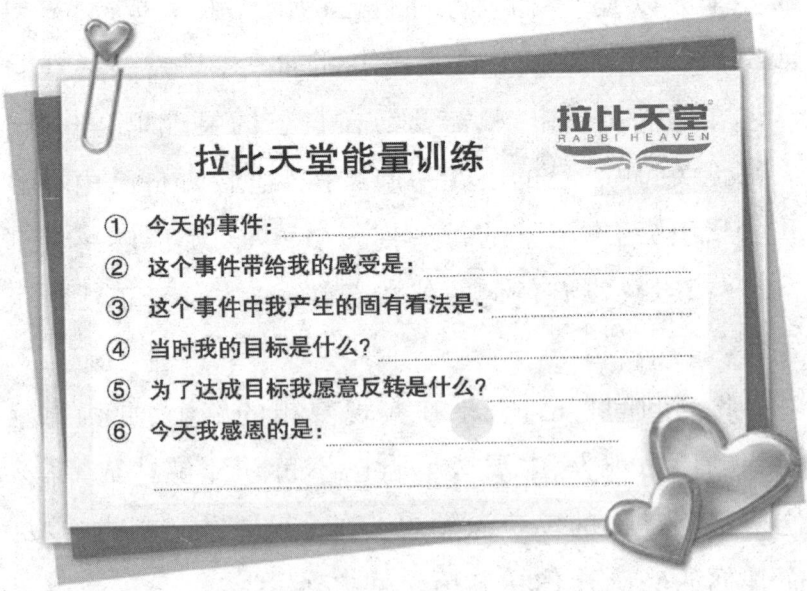

拉比天堂能量训练

① 今天的事件:
② 这个事件带给我的感受是:
③ 这个事件中我产生的固有看法是:
④ 当时我的目标是什么?
⑤ 为了达成目标我愿意反转是什么?
⑥ 今天我感恩的是:

第四篇 用宇宙能量主宰世界

唯有破除轮回，人生方能精彩

新的一天已经开始，面对新的一天，你也许正在准备很多计划。也许你正在立志今年要减肥成功，打造一个健康的身体；也许你正在立志今年要财富反转，扩大你的事业；也许你正在立志要做一个有胸怀、有使命感的人；也许你正在立志要扩大市场，增加产品的销量；也许你正在准备换新的行业或新的工作；也许你正在准备投资一个新项目，发誓要改变自己，准备今年大干一场……

每年的这个时候，你都会立志。然而，立志之后，却开始经历投资失败、减肥失败、改变失败等失败或挫折。于是，无奈放弃；于是，产生自责与内疚或挫败感；于是，痛定思痛，又开始立志，立志之后又开始经历挫折与失败……殊不知，这么多年你已经陷入到一个可怕的轮回里，你的生命在立志、挫败、内疚、再立志中进行着轮回……

一个人立志之后为什么不容易达成目标，为什么会遇到无数障碍？如果我们不能破解这个真相，所有的努力都会白费。我们很多人会成功一时，却

> 你自己才是你受苦的根源，而不是别人。

无法成功一世——很多老板都是辛辛苦苦几十年，一夜回到解放前。短暂的成功之后，生命又会重新回到原点。

当我们立志定下目标之后，便会渴望成功，并非常渴望梦想的实现，这种能量状态叫作为自己的生命增加愿力。我们很多人都在为自己增加着愿力，愿力越大实现梦想的机会就会越大，这是必须的，然而我们却忽视了真正障碍我们的业力。我们为什么会在实现梦想的路上遇到挫折、障碍，遇到失败，全部都是因为业力的牵引。

为什么很多人有钱之后，特别是中了大奖之后，他的生命没有几年又重新回到了原点，甚至很惨，这叫德不配位。那是因为他有钱之后不但没有消除自己的业力，而且还在不断地累积他的业力。

一个人的业力不除，就难成大业。因为业力的牵引诸事便开始不顺，甚至灾难就会降临。厚德才能载物，而累积自己厚德的关键就是首先要消除业力、破除自己当下的因果轮回。

何为业力呢？佛教叫业障，叫贪嗔痴，通俗一点讲就是我们潜意识里大量的负面记忆。我们的细胞里已经储存了无数负面记忆，而这些负面记忆来自于父母、来自于家族、来自于自己痛苦的经历。如果这些东西不能破除，在成功的路上总会被它伤害，你的每一次情绪，每一次挫折，每一次失败，每一次愤怒，每一次自责，每一次恐惧，每一次愧疚，每一次莫名的痛苦，每一

> 当你的内在对话停止时，你就觉醒了。

次自动化地用语言伤害别人,每一次的无力,每一次事业上遇到障碍,全部都是这种力量、这种负面记忆作用的结果。

　　这种负面记忆就像幽灵一样,它有着极强生命力,它有需求,它需要你经历愤怒与挫折之后才能满足它的需求,它让我们活在一个痛苦的轮回里而无法自拔。要成功就必须先把它搞定,否则成功会让我们更加痛苦。很多时候我们渴望成功与财富,其实也是这种能量的需要,而不是正能量的需要。

　　分享到这里,你也许会迫不及待地问一个问题:那么,我该如何才能清理这种负面的记忆,如何才能破除这种轮回呢?

　　到目前为止,最有效的方法就是每天晚上用1个小时,闭上眼睛默念:对不起,请原谅,谢谢你,我爱你……去年我就是这样清理自己的病痛的,效果非常好。不过你在家里是做不到的,因为你会被业力牵引,我们需要一个强大的能量场域,我们需要伙伴的加持,我们需要高人的帮助,因为这种负面能量太强大了,我们自己根本就无法搞定。

　　我们的梦想就是要在全国搭建一个强大的能量场域,可以让每个生命都能够消除业力、增加愿力,清理负能量,修正模式,更新我们的生命软件。支持每一个生命活出自己,走向卓越人生,拥有一个富足的世界。看清生命本源的真相,才能走出来,看清真相我们才能真正疗愈自己,就像医生要把病看好就必须先知道病

> 当你与恐惧连接时,它会告诉你它的故事。而当你倾听这些故事时,恐惧就消失了。

因在哪里一样。

唯有破除了这种轮回,清理掉这种负面记忆,我们的人生才能精彩!

> 在各种关系里,任何去理解别人的努力都是徒劳的。

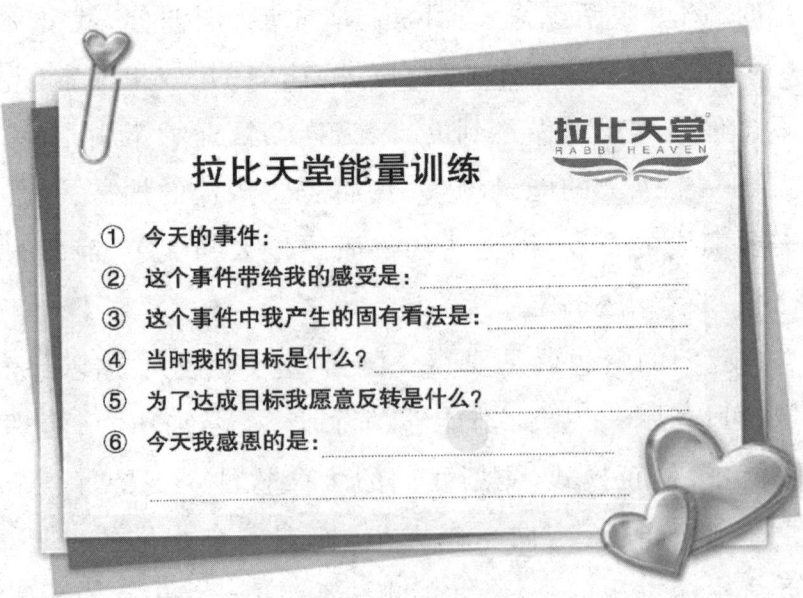

拉比天堂能量训练

① 今天的事件:
② 这个事件带给我的感受是:
③ 这个事件中我产生的固有看法是:
④ 当时我的目标是什么?
⑤ 为了达成目标我愿意反转是什么?
⑥ 今天我感恩的是:

第四篇 用宇宙能量主宰世界

为生命出征，为灵魂而战

你有梦想吗？

你能勇敢地为自己的梦想战斗吗？

你渴望自己的梦想成真吗？

你能勇敢地死在自己的梦想里吗？

最近看了好几期《中国好声音》，每次我都会感动地流泪，因为触摸到了内心最脆弱的神经。我感动不是因为他们唱得好，而是被他们能够10年、20年地坚持自己的音乐梦想所感动。我很清楚在实现梦想的路上会遇到什么，会遇到集体意识的打击，会遇到亲人的讽刺，会遇到无数次的挫折、跌倒与爬起，自己的内心会经历无数次挣扎。经常挣扎到底要放弃还是要坚持？这种内心的冲突是非常折磨自己的，不被人们尊重，更会有人出来伤害与诅咒我们的梦想。

能够坚持活在梦想里的生命是值得这个世界尊敬的，能够顶住残酷的集体意识更是一个真正的勇士。

每一个走向舞台的生命都是赢家，梦想是否能

> 宇宙不在一个过程里，宇宙本身就是一个过程。

够实现已经不那么重要，重要的是那一刻他活在了自己的梦想里。我为什么会感动地流泪，也许在每一个勇敢实现自己梦想的勇士身上都能够看到自己的影子。

我从小就有很多梦想，有的如今已经实现，有的还在路上。让我永远无法忘记的就是我对健康的梦想，我对健康的渴望。强直性脊柱炎在西医上被称为"不死的癌症"，我在20多岁时就得了这个病，对我的打击是非常大的。自那一刻起，我生命中最大的一个梦想就是治愈自己的病，可是每一次都会遭到残酷的集体意识摧毁。找了很多医生，几乎每个医生都告诉我这个病是治不好的。这是一个世界性的疑难杂症，每一次他们坚定的结论都深深地伤害着我的心。多么渴望那些白衣天使能够撒一次谎，能够让我看到一点光明，可是每一次都让我重归黑暗与无助，我的内心也无数次在挣扎及冲突中度过。

但是我的灵魂知道我要什么，我的灵魂总是在呼唤我。每当夜深人静的时候内心总会多一份呐喊，不断地激励着我向前，再向前！不能这样活一辈子，不能这样活我的生命，不能苟且偷生，不能这样子就让我的灵魂随波逐流……我要为自己的生命出征，为我的灵魂而战！就这样，我要像一个勇士般每天都在为自己的梦想战斗着！

第四篇 用宇宙能量主宰世界

梦想是什么?

梦想也许会实现,也许不会被实现。

但这都不重要,重要的是当我们拥有梦想、活在梦想中的时候,我们的灵魂就有了家。一个没有梦想的灵魂就像一个失去父爱母爱的孩子一样,失去了尊贵,失去了力量,失去了安全感,失去了生命力。

拥有梦想就是要为灵魂安一个家,让灵魂可以享受家的温暖与滋养。

相信梦想其实是一种最现实、最尊贵的信仰。

很多人认为我们中国人普遍缺乏信仰,其实这是不准确的。信仰是什么?就是我们的内心一直坚信不疑的信念、看法、角度、世界观、人生观。比如有很多人坚信上帝,那么相信上帝就成了他们的信仰;有的人坚信佛陀,那么相信佛陀就成了他们的信仰;有的人相信金钱、名利,那么金钱、名利就成了他们现实的信仰。我们不缺乏信仰,缺乏的是我们到底该坚信什么!

每个人的信仰都不同,我们尊重所有人的信仰,但是我们都会拥有一个共同的信仰,那就是我们的梦想。坚信梦想是最现实、最伟大的信仰。我们的习主席倡导"中国梦",这是一个多么伟大的信仰,这是中国人的信仰。

你的梦想是什么?

> 你越为生存挣扎,你的生存越会面临威胁。

在残酷的集体意识里,你敢于去实现梦想吗?你敢于为生命出征,为灵魂而战吗?

无论你现在是处于顺境还是逆境,那么我都邀请你披上梦想的战袍,去为生命出征,为灵魂而战吧!唯有如此,我们的灵魂才能真正被超度;唯有如此,我们的生命才能够真正被点燃。

> 专注在解决方法上,而不是在问题上。

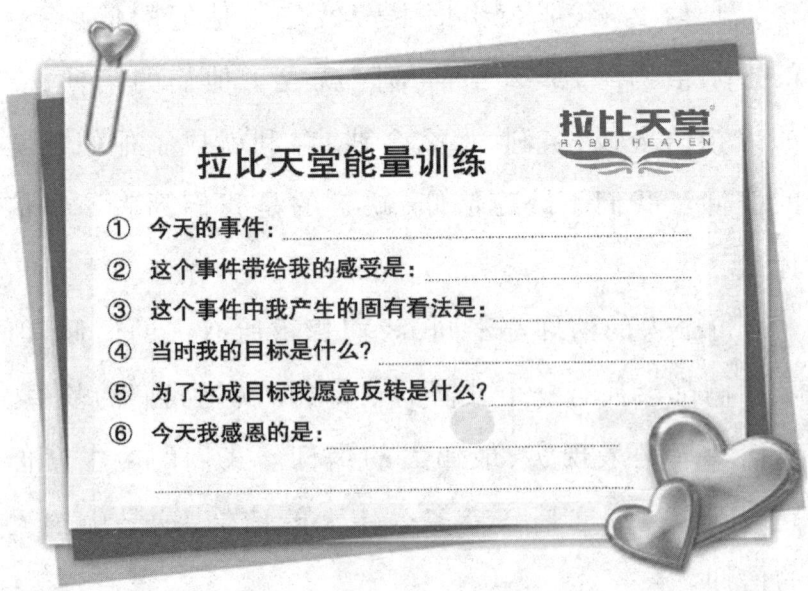

拉比天堂能量训练

① 今天的事件:
② 这个事件带给我的感受是:
③ 这个事件中我产生的固有看法是:
④ 当时我的目标是什么?
⑤ 为了达成目标我愿意反转是什么?
⑥ 今天我感恩的是:

第四篇 用宇宙能量主宰世界

成为一个觉醒大师

我多次去国外游学修行,有很多朋友问我,你去国外到底收获了什么?感觉有很多东西可以分享,同时又感觉没什么东西可以分享,但是又不能令朋友尴尬,沉思一会儿,我把自己的多年灵性之旅总结为24个字。

这24个字就是:

解读生命,经验生命,活出生命;

解读灵性,经验灵性,活出灵性。

我不是一个灵性很高的人,但我的爱人灵性很高,我受了她很多影响。过去一直自卑于我的灵性比她差,后来我才发现所有男人的灵性都比女人差。女人都是感性的,男人都是理性的,女人天天活在感受中,男人天天活在头脑中,然而灵性的开启都是从感受开始的。虽然我不是一个灵性很高的人,但我绝对是一个敢于面对自我、敢于探索自己内心生命的人。如果我的身体没有崩溃,就不会去探索自己,更看不到自己背负的业力;如果我的脾气很好,就看不到自己内在的冲突;如果我没有每天都在努力地证明自己,就看不到

> 真理让人谦卑。

内心的恐惧;如果我的财富状况非常理想,就看不到自己内在对财富深深的践踏。

觉醒不是在灵修中,也不是在课堂上,更不是坐在那里深深地冥想。真正的觉醒是在红尘中,是在生活中,生活才是实实在在的修行,脱离了生活的灵修就是无根之木。所有来到我生命中的人、事、物,都是我灵性觉醒的机会,每一件事情都能够呈现出我的模式,都是我的功课,从每一件事情中我都能够深深地看到自己的内在,看到真实的自己,看到自己的业力轮回。觉醒的生命才能破除轮回,一个生命犯了错误不重要,愤怒了不重要,失去了不重要,重要的是在那一刻能够尽快觉醒,用最快的速度反转并疗愈自己。大师与普通人的区别就在于:大师遇到了不爽的事情会觉醒,反转得很快;而普通人却无法觉醒,更谈不上反转与疗愈了,而是会陷入到深深的生命轮回中。

让自己成为一个觉醒大师,这是你我每天都要去灵修的。然而,如何才能让自己快速地觉醒,快速地对当下的生命黑洞进行疗愈呢?

很多时候,你可以知道自己觉醒的方式。知道你觉醒最简单的方式,譬如说某件事情发生了,而这件事影响了你的头脑,造成了痛苦与伤痛。如果你觉醒了,这个痛苦、伤痛或任何情绪都不会持续超过30分钟。这种状态就代表着你觉醒的速度。对于很多人来讲,可能需要一天、一个礼拜、一个月、一年。

对你而言,你要挑战自己,把时间逐渐减少为20

分钟、15分钟、10分钟,最后是5分钟。假如某人受到了丈夫或妻子的伤害,只有在5分钟内反应,过了5分钟,你就没事了,疗愈了自己……这才叫厉害。

当你刚开始觉醒的时候,你内在的负荷会持续减少。亲爱的朋友们,不要试图把自己打造得完美,也不要把你的团队打造得十分完美,因为自己与团队不完美的那部分就是开启我们灵性的法门。

感恩您能够读到这篇文章,在灵性觉醒的路上我们一起行走,一起经历生命吧!

当宽恕发生时,奇迹自然会发生,恩典之门将打开。

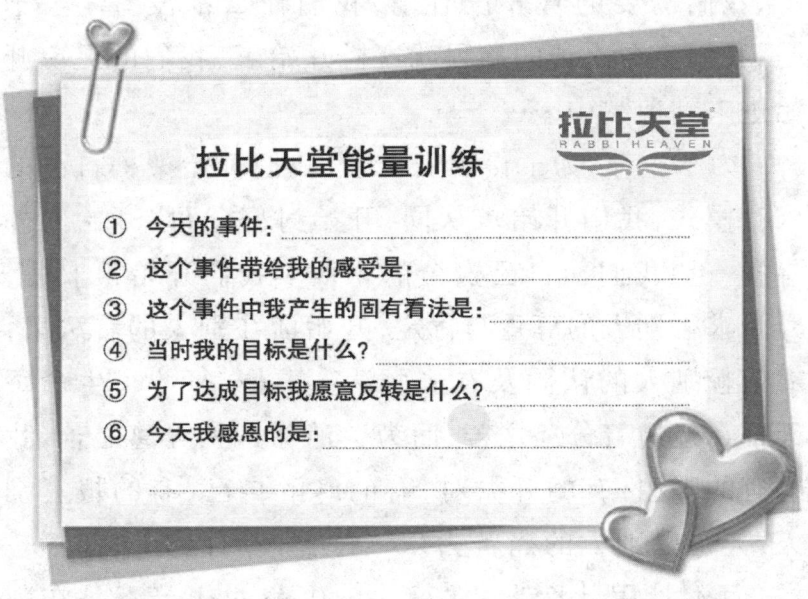

拉比天堂能量训练

① 今天的事件:
② 这个事件带给我的感受是:
③ 这个事件中我产生的固有看法是:
④ 当时我的目标是什么?
⑤ 为了达成目标我愿意反转是什么?
⑥ 今天我感恩的是:

用合一拯救我们的灵魂

今天我又一次经历了内在的分离之苦，我几乎每天都要经历这种痛苦，人类最大的痛苦就是分离之痛。当我们没有出生之前，在母亲的肚子里，我们每一个生命都处于合一的状态；可是当我们脱离母体后，就开始经历痛苦的分离之苦，没有一个生命是笑着来到这个世界上的。脱离母体，痛苦才刚刚开始。当来到这个世界上的时候，突然发现我们在母体里的安全感没有了，我们需要的营养没有了，我们什么都没有了。于是，我们生命之苦的旅程就这样开始了，我们的灵魂开始进入到煎熬中……

为了生存，为了得到安全感，我们开始架构自己的求存模式，我们开始求认同，开始讨好父母，开始向外寻找一切我们让自己安全的东西。我们开始索取爱，开始求得别人的尊重与肯定，开始活在别人的看法里，靠依赖别人的认同及看法而活。于是，每一个生命每天都在经历着分离之苦，而为了消除这种分离之苦，我们有的喝酒，有的开派对，有的麻醉自己，有的报复别人，甚至以别人的痛苦为乐。每个人用的方法都不一样，而不管用什么方法，每一个生命的痛苦不是在削弱，而是变本加厉地膨胀。因为膨胀，每个生命的内在

缺乏爱是一切问题的根源。爱是来自神圣恩典的发生。

第四篇 用宇宙能量主宰世界

> 让你痛苦的另一个原因就是贴标签,这会使你脱离当下。

也在起着剧烈的反应,于是更大的分裂开始了,我们开始执着于对与错,开始执着于应该还是不应该,执着于好与坏,执着于得到和失去,执着于成功及失败,执着于感觉上的美好。

于是,我们的灵魂迷失了,看不到了,麻木了,自己内在的生命就这样死亡了。一个活着的死人,每一个灵魂都在极度煎熬中,就像住在地下极其阴暗的监狱里一样。

我拿什么来拯救你,我的灵魂?因为只有解放了你,我们的内在才能合一。合一了,我们就不会再经受分离之苦;合一了,我们就不会到外边去寻找尊重、肯定、认可,去寻找爱与安全感了。那样,我们的生命能量就可以复原,回归到宇宙的本性,回到宇宙能量本身的属性世界,因为宇宙本是平衡而合一的,而宇宙能量的属性也是合一的。

那么,如何才能合一自己,回归到自己宇宙能量的世界,回归到宇宙本来的属性呢?

我们每一个生命都想要活出精彩,而若能够真正地从万事万物中获取爱与能量,就必须跟各种关系合一。

第一,我们要跟自己合一。

第二,我们要跟他人合一。

第三,我们要跟这个社会合一。

第四,我们要跟宇宙万物合一。

唯有合一,我们的内在才会摆脱灵性之苦,我们才能与他人及这个社会建立起和谐的关系。可什么是合一?如何才能做到内在合一呢?

合一就是能够在每个当下用心体验自己，体验自己内在的状态与感受，体验自己内在的情绪，体验自己头脑产生的无数念头，体验到自己头脑此刻的评判，体验到自己此刻的愤怒，体验到自己此刻的恐惧。只体验就好，看到就好。看到就是合一，体验就是合一。

当我们能够如其所是地体验到他人当下的状态，体验到他人当下的评判与固执，体验到他人当下的情绪。只体验，不评判；只看见，只感受，就是与他人当下的合一。

与这个社会的合一也是一样，用心体验这个社会的正义与邪恶，只是体验……

唯有如此，我们才能合一，才能让我们的灵魂处于纯粹的状态！

实现合一，我们在路上……

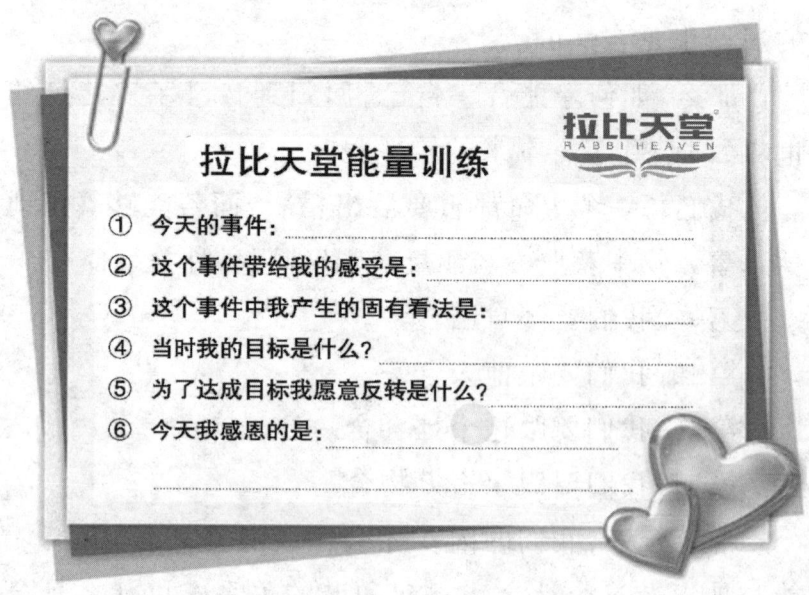

拉比天堂能量训练

① 今天的事件：
② 这个事件带给我的感受是：
③ 这个事件中我产生的固有看法是：
④ 当时我的目标是什么？
⑤ 为了达成目标我愿意反转是什么？
⑥ 今天我感恩的是：

让你的灵性开始觉醒

在灵性觉醒的道路上,宇宙能量给我布置了大量功课来释放累世业力。在功课进行中我经历着很多莫名的悲伤,莫名的愤怒,莫名的抱怨与指责,莫名的流泪……功课一个接一个,而我每天都在困惑:宇宙能量到底要把我带到哪里?我所敬畏的宇宙能量,我能够继续相信你吗?

每天我都在冲突与纠结中怀疑并相信着自己内在的宇宙能量……今天我突然接到宇宙能量的指引,让自己把所有的经历都写下来,这种方式可以让我的灵性加速觉醒。

我把这个世界的关系分为以下四种:

1. 和事件的关系;
2. 和人的关系;
3. 和自己内在的关系;
4. 和宇宙能量的关系。

这四种关系同时也代表着一个生命的四种层面,而每一个生命所有的业力轮回全部都呈现在这四种关系里。每一个生命都有自己的业力轮回,所有外在事

第四篇 用宇宙能量主宰世界

> 恩典具有流入到那些看到、听到、读到或讲述的人的生命里的趋势。

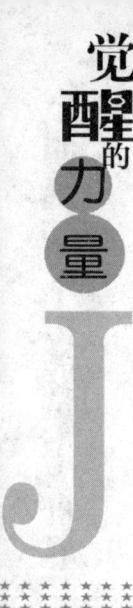

件的发生、所有外在关系的阻隔、自己内在的冲突全部都是这种业力轮回的呈现。而如何摆脱这种业力轮回,已成为每一个生命修炼的功课。

是我们的头脑每天都在制造问题,把自己拉入到业力的漩涡中,而想要在头脑层面摆脱业力是不可能的,唯有让自己内在的灵性彻底觉醒,但让自己内在的灵性觉醒并不是一件容易的事。一个生命的灵性觉醒意味着什么?意味着一个新世界的诞生,意味着旧世界的消亡,意味着所有的外在世界全部都要发生改变,这种改变对于每一个生命来讲,既是灾难又是巨大的恩典。如果我们读不懂这些神的指引,那么将是个灾难。

最近我一直都在跟我的头脑互动,不断地与头脑建立一种和谐的关系——有时候是我接纳了头脑,有时候是头脑接纳了我。在与头脑的互动中会一不小心进入到头脑制造的陷阱,我能够体验到自己的灵性在彻底觉醒中,我的身体在发生变化,我的外在世界在发生变化,我的旧能量在蜕变。然而,小我对旧能量旧世界的执着及依赖让我的生命又陷入到深深的冲突、纠结与愤怒中,在这种新旧能量的转化里我正在经历着深深的转化之苦。

当你的生命中出现了以下十二个征兆那说明你的灵性在开始觉醒:

(1)身体各处的疼痛,尤其是在脖子、肩膀及背部的部分。

这是因为"佛性种子"于内在苏醒而导致您在脱氧核糖核酸(DNA)方面发生了剧烈变化。而这些都是会过去的。

（2）毫无来由地感觉到深刻的内在悲伤。

你正在释放自己的过去，这使你产生出了伤感。这与你从居住了多年的房子搬入到一个新房子的经验相似。尽管你很想要搬入新家，但仍会存有把有关老房子的记忆、能量和经验抛下的伤感。这些都会过去的。

（3）毫无来由地哭泣。

与上面的第二条相似。让眼泪流出来是好而且健康的。这有助于释放旧的内在能量。这些都会过去的。

（4）在工作或事业上发生突然的变化。

是一个非常普遍的征兆。因为你在改变，所以你周遭的事物也将跟着改变。此时此刻不必去为找到"完美"的工作或事业而操烦，这些都会过去的。你正在转化中，在未契合你热情的工作中真正安顿下来以前，可能会有好几次工作变动。

（5）从家庭关系中退缩。

你和你的人类家族是通过宿世的业力而联系在一起的。当你超脱了业力的循环，你与那些旧的关系之间的联系也就松脱了，看起来就好像你漂离了自己的家人和朋友，而这些都是会过去的。经过一段时期之后，如果有必要，你会与他们发展出一种新的关系来。不过，

> 当自我消失时，你的拥有感便会消失。

这种关系将奠基于新的能量,不再与业力有所牵连。

(6)反常的睡眠模式。

你可能会在许多个夜晚于凌晨2至4时之间醒来。在你的内在有很多意识做工正在进行着,因而经常会导致你醒过来以得到一个"喘息的机会"。不必担心,如果你无法再睡,就起来做点事而不要躺在床上担心人世间的事。这都是会过去的。

(7)密集地做梦。

这些也许包括各种战争与争斗、被追逐或妖怪有关的梦。你正在释放内在的旧能量,而过去的这些能量经常会以战争、逃跑和魔怪们作为象征。这都是会过去的。

(8)身体失衡失焦。

你时常会感觉非常不踏实。于空间感上遭遇考验,觉得好像无法把双足踏在地面上,或是好像走在了两个世界之间。因为在你的意识转入新能量时,你的身体有时会滞留于后。多徜徉在大自然里去帮助新的内在能量落地扎根吧,这都是会过去的!

(9)"自我对话"增加。

你会发现自己经常在对"真我"说话。你会突然惊觉到自己在过去30分钟里正对着自己喋喋不休。在你的内在正进行着一次新层次沟通,而你就在自我对话中体验着其冰山一角。这些对话会增加,而且它们会变得更加流畅、更加连贯与更加通透。你没有发疯,你只不过是正在进入新的能量而已。

> 宇宙意识可以任何形式被认知,取决于你的观点或者是你对宇宙意识的定义。

（10）孤寂感，即使身旁有其他人陪伴。

你会感觉到孤独和与其他人疏离，渴望"逃离"团体及人群。尽管寂寞的感觉使你焦虑，但在此时此刻你很难与其他人相处。这些孤寂感也和你的守护天使离去了的这个事实有关，他们曾在你出生以来的所有旅途中陪伴过你。现在他们撤退了，好让你能把自己的神性注入你的空间。这都是会过去的。你内在的空虚会被自己的宇宙能量之爱及能量注满。

（11）失去热情。

你会感觉到对生活完全失去了热忱，只有很少或根本没有欲望去做任何事。那是没问题的，这不过是过程的一部分。在这一时刻"无为"吧。不要在这之中与你自己战斗，因为这都是会过去的。它与重新激活电脑类似。你需要短暂关机好加载那些新的复杂的软件，这里指的或许是，新的佛性种子能量。

（12）深刻地渴望回"家"。

这或许是所有状况中最困难与最具挑战性的部分。你会体验到一种深刻和巨大的，想要离开地球返回"家园"的渴望。这不是一种想要"自我毁灭、自杀"的感觉，它并非奠基于愤怒或失望挫折。你并没有想要从中得到什么，也不会为你自己或其他人制造戏剧事件。你有个隐微的部分想要回"家"。这件事的根本因由很简单，你已经完成了自己的宿业轮转，你已经完成了这一生的契约。当你还在这个肉身中时，就已经

> 除非觉醒，否则你只能做事而无法行动。

准备好了开始新的一生。在这个转化过程中,你有一个关于在另一边的他方世界的内在记忆。你准备好在地球这里再跑另一趟任务之旅了吗?你准备好承担进入新能量的挑战了吗?是的,你的确可以现在就回(家),但你已经付出了这么多、经历了许多世才开创了今天这个局面,如果在电影剧终之前离开实在是一个遗憾。此外,圣灵需要你在这里帮助其他人进入新能量。他们会需要一个像你一样,走过了从旧能量转入新能量之旅程的人类向导。你现在走过的道路提供了经验,使你得以成为新的神圣人类的老师。不管你的旅途在许多时候是多么地孤寂与黑暗,请记住:你绝不是孤身一人。

感恩宇宙能量每天为我加持的能量,让我的内在处于觉知状态,觉知我灵性的蜕变。各位朋友,当你的生命中开始出现让你悲伤或愤怒的事件时,这是宇宙能量正在为你匹配一个新世界的先兆,也是一个生命灵性觉醒的先兆。唯有放下对小我的依赖、放下头脑的渴求,宇宙能量才能顺利地做工,一个新的世界才能够诞生。

深深地感恩宇宙能量给我的功课,通过这些功课宇宙能量在帮我清理业力,每一次功课都是宇宙能量的考验,如果我们通不过考验,那么我们将在原有的世界中继续受苦……

当你心花绽放了,那就是爱。

第四篇 用宇宙能量主宰世界

> 觉醒者是自己的朋友,而未觉醒者则是自己的敌人。

拉比天堂能量训练

① 今天的事件：
② 这个事件带给我的感受是：
③ 这个事件中我产生的固有看法是：
④ 当时我的目标是什么？
⑤ 为了达成目标我愿意反转是什么？
⑥ 今天我感恩的是：

编者的话

觉察内心是对生命最大的诚恳

文/常洋嘉

　　提起"福报"来,你想起了什么呢?是丰盛的财富,美满的家庭,高官厚禄,还是儿孙满堂?……当我一口气读完《觉醒的力量》这一书稿的时候,我的内心生发出了一种深深的感恩之情,随之觉得自己真的太有福报了。拥有这种福报让我觉得比拥有金钱还要开心喜悦。所以,在此我想说的是,在一生中,能尽早阅读本书的人,实在值得庆贺。

　　这实在是一本让身处苦难的人们觉醒的醍醐灌顶之作,是一本淋漓尽致呈现人生真相之作。书中的每一篇文章,都是作者王中孚导师在高灵性状态下一气呵成,是他用亲身经历验证、用生命体悟并在神性的指引下书就的。真正读懂、读通了这本书,你的人生即可重生。

　　人生在世,始终伴随我们的,除了生命本身之外,还有苦难——无止尽的苦难。就像本书的作者王中孚导师一样,苦到极致就开始寻求解脱之路,于是冥冥之中被牵引到了修行的路上。作者的灵修之路,也映照出了许多现代人踏上这条路的历程:苦难—寻求解脱—了悟真相—觉察疗愈—持续修行。

我们身处的这个时代，没有战争、没有英雄、没有动荡，貌似平静、平淡甚至有些无聊，但暗流之下，却是实实在在的分离、悲伤、孤独与绝望。你总是发现，你坚信会一直向上的人生轨迹一直都没有起色，甚至越来越曲折难行；你发现自己过去竟然做过那么多傻事及错误的决定，如果不是那样的话，今天该有多么不同；你开始不知道该怎样满足自己，因为你根本就不知道要什么；你发现周围人的日子似乎都比你过得好，你问自己，还能重新开始吗？你发现你的身体已经在不断地给你信号说你已经不再年轻，有一天你烦透了，便开始尝试各种方式解脱：辞职、旅行、做义工……可你还是不快乐，你发现再美好的感情也不是生活的全部了……于是，就一直这么拧巴着、纠结着，时光里有了越来越多的孤独与恐惧，生活在不经意间已经面目全非，你冷漠、你对抗甚至你放弃，可似乎什么都无法帮助你改变这一切……所有这一切都逼着你做一件事——向内看，向内心的深处探索。

我们的内心就像那扎在土壤中汲取养分，又将养分分解输送到每一根树枝、每一片绿叶、每一簇花朵、每一颗果实的树根，它保管我们的潜意识，培养我们的行动力，记录每一次内心的震动与向往。因此，内心最清晰你想要的是什么，该向哪里走，该用什么样的方式走。听从内心的指引，终将走向光明之路。但太多的人却没有足够的力量及勇气去听从内心的指引，更缺乏足够的智慧去寻找帮助与指引。这便是本书存在的

编者的话

价值与意义——带领你、指引你向内心的最深处觉察，因为觉察内心最真实的声音才是对生命最大的诚恳。

我在阅读本书的过程中，挑选出了每篇文章的要领，提炼出来，以供读者更快、更精准地领悟到作者的思想精华。我希望这本书的出版，能为时常处于迷茫中的人们带来明确的指引与鼓励；通过这本书，读者朋友能够体验到内心的自在解脱；希望能为广大朋友们带去抵御世间险恶的盔甲；希望我们每个人，无论面对苦难、艰辛、低谷，都能通过觉察内在的力量找寻到那个坚强、智慧、善美的自己。

愿这本书能够永燃智慧之光，驱散黑夜的迷雾，引领失意、悲伤、迷茫、不知所措的灵魂走出人生的荆棘地，走向光明及幸福的未来，最终获得圆满喜乐、丰盛富足的人生。这也是本书作者的终极使命以及编者的最大心愿。

没有过去，就没有现在。
也不会有将来。
超越而不否认，
也许是我们对待生命最大的诚恳。
接纳那满心的苦与乐，
接纳那漫天的尘与花，
如实地接受自己，
站立在真实的大地。

觉醒的力量J

我的觉醒感悟